DE
QUELQUES ASSERTIONS

DE

M. FL. LEFILS.

RECTIFICATIONS

PAR

E. PRAROND.

> Une infortune des mesquins travaux que je poursuis est d'entraîner dans de mesquines querelles.
>
> LE PROCÉDÉ HISTORIQUE DE M. LEFILS, p. IX.

ABBEVILLE

IMPRIMERIE P. BRIEZ, RUE DE L'HOTEL-DE-VILLE, 28

1861

DE
QUELQUES ASSERTIONS

DE

M. Fl. LEFILS.

RECTIFICATIONS

PAR

E. PRAROND (1).

> Une infortune des mesquins travaux que je poursuis est d'entraîner dans de mesquines querelles.
> LE PROCÉDÉ HISTORIQUE DE M. LEFILS, p. IX.

Mon malheur est plus grand que je ne le pouvais penser d'abord, car enfin ne pas secouer derrière moi cette discussion qui me charge comme une chaîne est presque manquer d'égards envers l'opinion une première fois invoquée ; c'est faire injure à l'intelligence et à la rectitude des esprits qui n'hésitent jamais dans certaines causes. Je demande donc pardon au public, je demande pardon à MM. les Membres des Sociétés savantes de Picardie, juges de tous les mérites et de tous les délits en histoire, et devant lesquels on doit tenir pour si honorable

---

(1) Un séjour prolongé à Chantilly et quelque temps après un voyage nécessaire à Paris ont retardé un peu la publication de ces redressements.

de s'expliquer qu'il faut toujours le faire sans cris et sans déclamation. Ma confiance est aussi grande dans le jugement présent des lecteurs appliqués, que dans celui des critiques et des historiens futurs, et je ne cède qu'à des circonstances et à des exigences nouvelles en rentrant dans un débat dont je n'ai dissimulé en rien l'indicible déplaisance pour moi, et qu'un jour (trop vite, hélas!) je crus pouvoir déclarer clos de ma part (1).

M. Lefils n'a rien réfuté des points établis dans la brochure qu'il m'a condamné à écrire; à mes raisons, à des faits spécifiés, il n'a répondu que par des phrases; je ne croirais pas faire marque d'outrecuidant dédain, en refusant aux phrases de M. Lefils l'honneur d'une réponse. De même que la méthode historique de M. Lefils peut se reconnaître à des procédés particuliers, sa manière de discuter se reconnaîtrait de loin aux emportements, aux invectives et aux objurgations retentissantes. M. Lefils rapetisse les questions et grossit les mots; il remplace le raisonnement et les preuves par les détonations de l'apostrophe directe. On se commettrait en se retournant pour une polémique de cette valeur, de ce ton et de ce goût (2); mais M. Lefils est sorti de la discussion littéraire ou érudite; il a transporté, par quelques assertions, le débat sur un terrain personnel; il m'appelle donc à rompre le

(1) LE PROCÉDÉ HISTORIQUE DE M. LEFILS, p. IX et X.

(2) Au milieu des avantages que me donnent le droit et le devoir rempli, je ne veux pas perdre le mérite des formes que n'oublient jamais les gens bien appris, soit qu'ils discutent entr'eux, soit qu'ils parlent devant un tribunal respecté.

silence sur trois ou quatre points, qui, se détachant de la déclamation et de l'objurgation pure, accusent ou ses souvenirs ou son optique ; on ne peut parler plus poliment, je crois.

Heureusement encore, même sur ces points qui pourraient échapper aux vérifications contradictoires par la nature même des assertions, il me sera permis de rectifier par des preuves et par des dates les souvenirs de M. Lefils.

Ainsi, je lis dans les Procédés de M. Prarond (1), page 25 :

« Mais alors même que vous élaboriez votre première épître (2), je vous rencontrai plusieurs fois, nous nous parlâmes ; rien ne me laissait supposer que vous cherchiez à m'assommer. »

Les souvenirs de M. Lefils, pour employer le mot dont je me suis déjà servi, sont complètement inexacts.

L'Histoire du Crotoy de M. Lefils parut aux environs du mois d'août 1860 ; cette histoire parcourue par moi m'ouvrit les yeux sur le procédé historique de l'auteur, et je me hâtai d'interrompre la publication déjà commencée des Notices sur Saint-Riquier et les Cantons voisins

---

(1) Titre de la brochure de M. Lefils, en réponse, suivant lui, aux constatations faites par moi.

(2) Je prie, non M. Lefils, mais le lecteur, de remarquer que je n'ai jamais écrit d'épître dans le débat engagé ; je ne me suis adressé, et dans des réclamations froides, raisonnées, appuyées de preuves, qu'au public, notre juge ; c'est M. Lefils qui s'adresse directement à moi dans un langage que je laisse apprécier au public à qui seul je tiens à honneur de m'adresser toujours.

dans le *Pilote de la Somme;* j'annonçai mon intention à
M. Lefils par un mot assez bref, daté du 11 août, qui ne
pouvait lui faire illusion sur mes sentiments et j'écrivis
ma première réclamation, réclamation relativement fort
indulgente, en tête d'une nouvelle exhibition du tome II
de mes NOTICES SUR L'ARRONDISSEMENT (sous ce titre : LE
CANTON DE RUE, *histoire de seize communes*). L'impression
de cet avertissement, le tirage des couvertures nouvelles,
quelques autres soins retardèrent un peu la réapparition
du vieux volume, que je remis cependant en circulation
en octobre. Or, soit pendant cet intervalle, soit après,
voici rigoureusement quelles furent mes relations avec
M. Lefils. Une seule fois je rencontrai, ou, pour mieux
dire, je vis venir de loin M. Lefils ; je causais avec quelqu'un sur les marches de Saint-Vulfran, et, sans affecta-
tion, je me détournai vers mon interlocuteur pour présenter
le dos à la chaussée et m'épargner l'ennui d'un salut à
donner ou à rendre avec la contrainte d'une politesse
ambigüe. Quelque temps après, j'eus occasion de payer,
mais chez moi, non à M. Lefils, mais à un employé de
son imprimerie, une petite note pour des restes de travaux
exécutés chez lui et devenus inutiles par suite de ma résolution d'arrêter dans *le Pilote* la publication de l'histoire
de Saint-Riquier. Est-ce tout? Non, et j'ai mieux que ces
souvenirs très-précis et ces faits à mettre sous les yeux du
lecteur, notre juge. Je reçus de M. Lefils, dans le courant
de novembre, deux lettres que j'ai gardées, mais auxquelles je n'ai pas répondu. Or, voici ce que je lis dans la
seconde de ces lettres : « J'avais remarqué votre froideur

à mon égard, je dirai même plus, votre mépris; j'étais loin d'en deviner la cause. Votre préface m'ouvre les yeux, etc. » M. Lefils se trompe encore dans ces quelques lignes; je ne manifeste jamais de mépris à personne, je ne lui en ai pas manifesté; mais, enfin, en supposant que j'aie rencontré M. Lefils et que j'aie causé avec lui, — ce qui n'est pas, — il ne résulterait pas, ce me semble, des termes même de sa lettre, que mes conversations avec lui eussent eu le caractère de duplicité qu'il voudrait leur donner.

« Bien mieux, ajoute M. Lefils, dans ce temps même, je vous fis part d'une réclamation qui m'était adressée, de Brailly, sur un article erroné de vos Notices relatif à M. de Lannigou. On me priait d'insérer cette réclamation dans *le Pilote*. J'aurais cru, en y accédant, manquer de convenances envers un confrère; je vous en parlai : je préférais que vous fissiez vous-même cette rectification dans votre volume de Notices et j'en prévins l'auteur de la réclamation. Cette rectification parut, mais, puisque vous êtes si scrupuleux, vous auriez dû dire comment elle vous était venue. »

M. Lefils brouille tous les faits et confond toutes les dates; ce n'est pas « dans ce temps même, » mais bien antérieurement, quand j'étais loin encore de soupçonner la méthode historique de M. Lefils, que se produisit l'incident exploité ici par lui et qui donna lieu au retranchement d'une ligne et un quart dans le volume de mes Notices, retranchement qui avait pour objet, de ma part, de n'entrer dans aucun débat et d'en éviter peut-être d'irritants à M. Lefils. Je possède encore la lettre de l'auteur de la réclamation; quand M. Lefils me la remit (dans la seconde moitié de mars) la signature était enlevée avec des ciseaux ; je demandai comme garantie et autorité le nom supprimé à M. Lefils qui le rétablit lui-même au bas de la lettre. C'est grâce à ce rétablissement que je pus mettre, sous le nom de M. Bacquet, deux pages d'additions et de notes étrangères au fait particulier objecté par M. Lefils et dont je ne m'appropriai nullement le mérite. Ainsi, en ce cas, il n'y eut pas de ma part rectification à vrai dire, mais suppression prudente pour laquelle je ne pouvais nommer personne dans l'intérêt expliqué plus haut et restitution à qui de droit des notes utilisées par moi (1). Ce même temps, dont parle M. Lefils, était donc distant de près de quatre mois et demi de l'apparition de l'*Histoire du Crotoy*, de l'éclaircissement que cette histoire me donna et de la résolution qu'elle me fit prendre.

« Si vraiment, dans votre croyance, dit plus haut M. Lefils, vous étiez fondé à vous plaindre de moi que ne veniez-vous me trouver ? Nous nous serions expliqués : on n'attaque point les gens sans les prévenir qu'on a à se plaindre d'eux, afin de s'assurer si on a tort ou raison de céder à son esprit de récrimination. »

Vraiment, dirai-je à mon tour,—car dans une discussion du genre de celle-ci, il ne s'agit pas de se tirer d'affaire par des étalages de bonhomie,—il serait trop commode d'entrer chez ses voisins, de s'emparer en

---

(1) Il faut aller au-devant de toutes les objections : si les deux pages prises dans la lettre de M. Bacquet ne sont pas guillemetées, c'est que la rédaction en a été en grande partie changée par moi comme en fait foi le texte même de la lettre utilisée.

maître de l'amas ancien de leurs travaux et lorsque le produit de l'expédition, transformé peu ou point, timbré d'une nouvelle marque, insuffisante cependant à en déguiser l'origine, court les rues et s'affiche aux vitres des magasins, d'en être quitte pour quelques satisfactions données à huis-clos. On ne saurait dire s'il y a plus d'aplomb que de naïveté dans le reproche de M. Lefils.

« Il n'est pas davantage question de moi dans d'autres petites notes, telles que les cloches de Nouvion ; c'est pourtant à moi que vous les devez. »

La note des cloches de Nouvion appelle une courte explication, mais quelles sont les *autres petites* notes que je puis devoir à M. Lefils ? Je les cherche en vain.

Quant aux cloches rappelées, voici le fait : Mon article sur l'église de Nouvion avait paru dans le *Pilote de la Somme* du 16 avril 1858 ; il n'était pas question des cloches dans cet article ; un habitant de Nouvion envoya de suite, en vue de cet article et pour le compléter, une note sur les cloches (1) à M. Lefils qui me la remit effectivement, et j'utilisai cette note dans le tirage du volume qui suivait de près le tirage du journal. Que M. Lefils, chez qui le volume était imprimé, ne me fît-il alors quelque observation, ou pourquoi ne me reproche-t-il pas

---

(1) La note qui me fut remise n'était pas signée, et j'ai toujours pensé et je pense encore, en la relisant, que l'expéditeur désirait garder l'anonyme ; M. Lefils ne fit rien pour m'ôter cette pensée sur laquelle je ne m'arrêtai pas, je l'avoue, en raison de l'insignifiance de difficulté que présente la copie d'une inscription sur des cloches neuves.

aussi maintenant d'oublier parmi mes dettes le nom du facteur qui m'apporte souvent des renseignements précieux? M. Lefils, simple intermédiaire dans cette circonstance, eut mieux fait peut-être de m'indiquer alors l'auteur de l'envoi à qui eussent dû aller naturellement mes remerciements (1). Si M. Lefils relit attentivement toutes les parties de ce volume de Nouvion, il pourra se convaincre qu'il n'a pas à se plaindre de moi.

« Vous me parlez du bedeau de Rue, Alexandre Mesnière, etc. »

Et M. Lefils assure que j'ai été d'une grande réserve à l'égard de M. Mesnière, c'est-à-dire probablement que je n'ai pas cité sa compilation toutes les fois que je m'en suis servi. Je pourrais renvoyer tout simplement à une lecture attentive et paragraphe par paragraphe de mes Notices sur Rue; un mot d'explication cependant: lorsque je commençai la publication de mon histoire de Rue, j'allai voir M. Achille Doudou, maire du lieu, qui me permit très-complaisamment de parcourir les archives de sa ville et qui me conduisit chez M. Mesnière, auteur ou possesseur, m'avait-on dit, d'un ms. intéressant. Je

(1) Que M. Lefils se rassure d'ailleurs. Il est juste que je lui rende la part de remercîments qui lui appartient légitimement pour la transmission de la note sur les cloches, et je m'acquitterai un jour dans quelques additions au volume de Nouvion. — J'ai reçu de M. Louandre beaucoup de notes que je consigne toujours sous son nom, mais si M. Louandre me remettait une inscription de fraîche date copiée par une autre main que la sienne, je ne songerais pas à le remercier publiquement et il ne songerait pas à réclamer.

ne pus obtenir, dans cette visite (1), la communication du ms. de M. Mesnière, qui ne me l'envoya qu'assez longtemps après, lorsque la publication des notices particulières sur la ville même de Rue fut achevée dans *le Pilote* (2), si bien que je ne pus me servir de ce ms. que pour une note de l'appendice (3).—Le ms. de M. Mesnière se compose surtout d'extraits textuels, honorablement et patiemment faits dans différents livres et dans un petit nombre de mémoires. — Une réponse à l'attaque de M. Lefils n'était pas nécessaire ici; elle est faite, ne l'effaçons pas.

Une réponse est-elle véritablement plus nécessaire à l'attaque dressée par M. Lefils sur le récit de l'évasion du duc de Larochefoucauld? La raison apparente de cette attaque n'était-elle pas démontée d'avance par mon empressement à payer dans ma brochure : *le Procédé historique de M. Lefils*, une dette qu'il n'avait pas encore été en mon pouvoir de reconnaître. Voici d'abord comment je m'exprimais dans cette brochure : « Cette anecdote, dit M. Lefils, a été publiée dans les Notices de M. Prarond, sur les

---

(1) Je ne recueillis, dans cette visite, que l'indication du squelette et de l'épée trouvée par M. Mesnière ainsi que je le rapporte p. 112 de mes Notices.

(2) Le volume était tiré en même temps avec la composition un peu corrigée du journal.

(3) Je tirai cette seule note de la copie faite par M. Mesnière d'un ms. désigné par lui sans autre explication comme *vieux manuscrit*, — explication déjà donnée par moi dans l'appendice au volume de Rue, p. 392.

indications de M. Bizet. Je suis heureux de remercier ici M. Bizet. Lorsque je racontai, pour la première fois, cette anecdote en 1855, dans le *Pilote de la Somme*, j'ignorais qui m'avait fait passer ces indications (1), et je n'avais pu,—contre mon habitude,—remercier qu'un anonyme (V. *le Canton de Rue*, p. 183). Mais je dois remercier aussi M. l'abbé Souverain, dont la lettre citée par M. Lefils, m'avait été envoyée sans signature; j'ignorais alors de qui elle était et à qui elle avait été adressée (2), si bien que les quelques mots guillemetés comme caractéristiques dans mon livre, p. 187, ont été légèrement changés par moi; ce sont cependant ces mots changés par moi et, hélas! guillemetés comme textuels que M. Lefils cite à son tour (p. 306). »

Voici maintenant tout au long,—car je ne veux pas donner à M. Lefils le prétexte de dire que j'atténue rien, —l'attaque de M. Lefils :

(1) Je prie le lecteur, puisque je me débats dans des réseaux de fils d'araignée, de ne pas trouver un désaccord entre cette déclaration et celle que je consens volontiers à faire un peu plus loin sur l'expéditeur de la note. Dans ma première réponse comme dans celle-ci, j'ai voulu et je veux me montrer justement large envers M. Bizet, qui, en somme, a été complaisant envers M. Jeunet ou envers moi, et que M. Lefils cherche assez adroitement à placer sur la barricade pour faire relever les coups. Les explications consignées dans les pages qui suivent montreront assez comment, pour moi, le véritable, le premier expéditeur ne pouvait être M. Bizet.

(2) J'avais cru, et à tort, deviner alors qu'elle était de M. Delahaye, prêtre habitué au Crotoy et un des jeunes hommes dans le secret et complices de l'évasion de M. de Larochefoucauld.—Note de ma brochure *le Procédé historique de M. Lefils*.

« Je suis bien aise que mon histoire du Crotoy vous ait paru devoir donner, sur l'évasion du duc de Larochefoucault, les explications contenues dans votre 42ᵉ grief de la seconde série. Votre histoire de Rue disait vaguement que vous alliez fixer cette anecdote « le plus exactement qu'il se pourrait sur *des notes* (1), qu'un anonyme eut l'obligeance de vous faire passer. » Dans votre pamphlet, vous qualifiez ces notes *d'indications*. Comme d'après votre aveu, quelques années se sont écoulées depuis cette communication, il n'est point étonnant que vous ayez oublié qu'il ne s'agit ni de notes, ni d'indications, mais que la narration de M. Souverain, copie d'une lettre adressée par lui à M. de Larochefoucault-Liancourt, pour l'intéresser à l'édification d'une nouvelle église au Crotoy, a *été reproduite dans son entier* par vous (j'en ai le double). Il est certain que, d'après la modestie de votre déclaration (p. 183 du canton de Rue), le lecteur qui voit votre nom en tête de l'ouvrage, peut croire que cette rédaction, la plus intéressante des Notices, vous appartient de bon aloi et pourtant il n'en est rien. La note

---

(1) « Des notes sont de simples indications écrites sur lesquelles on brode un récit ; on ne saurait interpréter autrement cette expression. » — *Note de M. Lefils.* — D'abord, — et je demande pardon à M. Lefils de la réponse immédiate, — je ne me suis pas seulement servi du mot *note* pour la désignation des renseignements écrits qui m'étaient fournis, (voyez un peu plus loin la discussion de l'attaque); ensuite, si M. Lefils se rendait le moins du monde compte de ma manière d'exposer les faits, ne comprendrait-il pas que mon plus grand crime à mes propres yeux serait de broder d'un mot? Les *Notes* mentionnées par moi devaient contenir les moindres détails du récit, et j'étais à cent lieues de penser qu'un lecteur pût s'imaginer jamais que j'y ajoutais un mouvement, un geste. M. Lefils peut-il, ayant si bien *feuilleté* mes Notices, me prêter la singulière idée d'avoir voulu enlever l'autorité à mon récit, en diminuant l'importance des renseignements reçus par moi? Qui donc se vante de broder en histoire? Qui pourrait croire qu'on se fasse un mérite de broderies menteuses?

marginale qui l'accompagne (1) a aussi son auteur, ce n'est point M. Souverain, et cet auteur m'a depuis très-longtemps témoigné son mécontentement de vous voir l'accaparer à votre profit. »

Je trouve, si je compte bien, trois accusations ou griefs dans cette attaque.

L'accusation d'avoir diminué par une désignation fausse l'importance des renseignements reçus et d'avoir reproduit *en entier* ces renseignements, c'est-à-dire textuellement ou les italiques de M. Lefils n'ont pas de sens.

L'accusation de n'avoir pas nommé M. Souverain.

Enfin, l'accusation de n'avoir pas nommé M. Bizet.

Ayons la patience de discuter séparément les trois griefs.

Notes ou *indications*. Qui pourrait reprocher l'emploi de ces mots à un écrivain qui n'intitule ou qui n'intitulait alors ses livres que *Notices?* Qui pourrait voir dans l'emploi de ces mots la préméditation d'atténuer la valeur ou l'importance des renseignements? Mais, comme toujours, lorsqu'on discute une récrimination de M. Lefils, il y a mieux que l'inanité du fait invoqué: il y a la preuve du fait contraire. Ainsi, les passages fréquemment guillemetés par moi établissent bien, pour qui sait lire, que les indications dont je me sers constituent un récit complet, et moi-même ne le dis-je pas en toutes lettres: « Nous ne voulons pour preuve de l'exactitude des faits de ce récit que le soin avec lequel l'auteur obligeant

---

(1) M. Lefils rappelle ici en note l'extrait de la *Biographie universelle*, de Feller, que rectifie le récit de l'évasion par le Crotoy.

des notes utilisées par nous, rapporte les plus minimes détails, et surtout les plus petites négociations d'argent (*Canton de Rue,* p. 189). » Voilà, j'espère, les mots *notes* et *indications* développés par un bon commentaire. Que l'on tienne ou que l'on ne tienne pas compte du sens que le mot *note* a partout dans mes *notices*, il est clair que des détails minimes, ajoutés aux faits principaux, des négociations d'argent, etc., ne peuvent s'enchaîner qu'au fil suivi d'une narration. On verra plus loin qu'il n'a pas dépendu de ma bonne volonté que l'auteur de cette narration se découvrît.

M. Lefils m'accuse d'avoir reproduit cette narration *en entier*. Il est certain que j'ai cherché à ne rien retrancher de ce qui pouvait intéresser le lecteur, en donnant vie au récit et surtout en mettant dans un jour mérité les actes et les démarches des hommes honorables qui aidèrent à l'évasion; mais le soulignement des mots signifie plus sans doute et veut dire que la narration a été reproduite purement, simplement et textuellement, et ici M. Lefils se trompe (bien qu'il ait le double de la lettre de M. Souverain à M. de Larochefoucauld); il a mal ou trop légèrement collationné les deux rédactions; — je viens de les comparer à mon tour; — certainement j'ai profité de mon mieux et le plus largement que j'ai pu de la rédaction alors anonyme pour moi de M. Souverain; mais la croyant envoyée en dehors de toute prétention littéraire (1), j'ai voulu la faire entrer

---

(1) Et je ne me trompais pas dans les dispositions qu'eut eues

dans le style bon ou mauvais de mon livre, et, de bon ou de mauvais aloi, la rédaction que j'ai donnée m'appartient bien en effet par l'assouplissement et l'assimilation de la rédaction primitive à ce style bon ou mauvais.

Je n'ai pas nommé M. Souverain. La réponse est déjà faite en partie, ce me semble. Les indications qui m'étaient envoyées ne portaient aucun nom d'auteur ; elles me furent bien remises par M. Jeunet, mais quand je demandai qui je pourrais remercier, j'appris seulement que l'auteur de l'envoi était M. Bizet (un correspondant du *Pilote* par les mains duquel venaient la plupart des nouvelles du Crotoy), mais que M. Bizet n'était pas l'auteur même de cette note. Rien de plus. Peut-être M. Jeunet me dit-il cependant (1), qu'il la croyait d'un ecclésiastique du Crotoy, car jusqu'à l'apparition du livre de M. Lefils, je l'attribuai, un peu en l'air, à M. Delahaye (2), fils de l'employé de l'amirauté qui s'entremit avec tant de zèle pour sauver le duc.

M. Souverain lui-même. Il a ignoré, jusque dans ces derniers temps, qu'une longue partie de sa lettre à M. de Larochefoucauld m'eut été envoyée, et ne demande encore qu'à être oublié dans ce débat.

(1) On comprend qu'il me faille quelques efforts de mémoire maintenant pour me reporter à cette distance en arrière. M. Jeunet me remit la note en question plusieurs années avant 1855.

(2) Je croyais M. Delahaye encore vivant quand je publiai d'abord le récit de l'évasion ; ainsi, je lis également dans LA PICARDIE (1855, p. 224) et dans *le Pilote* (14 août 1855) : « Un des fils de M. Delahaye, aujourd'hui vieillard de plus de 90 ans et curé du Crotoy, etc.; » (erreur que je ne corrigeai que dans le volume de Rue sur un renseignement recueilli au moment du tirage). Croyant donc deviner dans

Cette note, qui n'avait pas la forme d'une lettre, dormit plusieurs années dans un carton, et, quand je m'en servis, je ne pus remercier qu'un anonyme (1).

M. Delahaye l'auteur premier de l'envoi, je pensai, non-seulement lui être agréable, mais mieux servir sa juste fierté en ne le nommant pas comme narrateur d'évènements où sa famille et lui figuraient si honorablement. Cette confiance eut suffi à rassurer à tous égards ma conscience, si la publication du récit dans *le Pilote* n'avait pas été par elle-même un appel à toutes les réclamations.

(1) Contre mon habitude bien établie, ce me semble, de citer toujours les noms des personnes à qui je dois quelque chose; j'invoquerai sur ce point les témoignages mêmes de M. Lefils: « Et pourtant, dit-il (LES PROCÉDÉS DE M. PRAROND, p. 24), en feuilletant vos Notices sur l'histoire de Rue, je retrouve à la page 301 une citation qui alors me valut, de votre part, quelques mots agréables : vous me demandez pardon de me prendre un instant pour collaborateur, et vous rapportez deux pages entières que j'avais publiées sur l'abbaye de Valoires. Je me demande comment il se fait que jugeant alors mes pages dignes de figurer dans vos Notices, il n'est pas un mot maintenant qui ne soit sujet à votre critique et à vos sarcasmes ? Alors aussi vous aviez pour moi, dans les journaux, quelques mots flatteurs, trop flatteurs. » M. Lefils a tort, et nous ne comprenons pas les choses de la même façon. J'ai toujours pensé qu'on ne pouvait trop payer les secours qu'on reçoit, dans ses travaux, des travaux d'autrui.

Un autre aveu précieux est à recueillir dans un autre passage de la brochure de M. Lefils: « Il fallait, dit-il, p. 21, vous nommer à chaque page; faire de votre recueil un éloge exagéré, ou bien, vous imitant entièrement dans votre scrupuleuse exactitude, mettre à la fin de chaque paragraphe : *cité par M. Prarond.* » Non, il ne fallait pas me nommer à chaque page ; encore moins fallait-il me louer ; je n'ai aucune prétention aux éloges : je demande seulement qu'on ne dissimule pas les emprunts qu'on me fait ou qu'on fait à d'autres, ainsi que je l'ai établi ; mais ces paroles *vous imitant entièrement dans votre scrupuleuse exactitude,* ont quelque importance sous la plume de M. Lefils.

2

L'article parut presque simultanément alors dans la *Picardie* et dans le *Pilote*, et aucune réclamation ne vint ; si une réclamation s'était produite, je l'aurais certainement fait valoir, soit dans le tirage à part, soit dans les notes du volume. La *Picardie* ne va pas au Crotoy peut-être, mais le *Pilote* y a toujours été très-répandu. Quel meilleur moyen pouvais-je prendre pour amener l'*anonyme* à se révéler, pour provoquer ses réclamations mêmes, que de publier l'article dans ce journal avant la mise en pages du volume ? On prend moins de précaution pour la constatation judiciaire des absents. Il y a mieux ; avant même la publication du volume, M. Desgardin, si je ne me trompe, mais, dans tous les cas, quelqu'un du Crotoy, me fit demander la permission de tirer à part le récit en question pour qu'il fut vendu au profit des pauvres à l'époque des bains. J'acquiesçai de grand cœur à la demande. Il était bien temps encore qu'une réclamation se fît jour ; elle ne vint pas. Que M. Bizet, correspondant assidu du *Pilote*, ne réclamait-il dans quelqu'une de ces occasions, soit pour M. Souverain (1), soit pour lui.

(1) Il y aurait bien à revenir quelque peu même sur la manière dont M. Lefils qui possède, je n'en doute pas, une copie de la lettre de M. Souverain et qui a néanmoins consulté ma rédaction, prétend ou a prétendu rendre ce qui est très-véritablement et très-légitimement dû au premier auteur du récit. « Cette anecdote, écrivait M. Lefils dans son histoire du Crotoy, a été publiée dans les Notices de M. Prarond sur les indications de M. A. Bizet. » Or, ce n'est pas sur les indications de M. Bizet qu'il eut fallu dire, mais sur les indications de M. Souverain ; il n'y avait pas un seul mot de M. Bizet dans la

Je n'ai pas nommé M. Bizet. Mais je n'ai pas nommé non plus M. Jeunet qui me remit cependant aussi la narration de M. Souverain. L'anonyme pour moi n'était pas M. Jeunet, qui eut bien eu aussi quelques droits à mes remercîments, suivant le système de M. Lefils ; ce n'était pas non plus M. Bizet, qui n'avait pas signé et qui n'avait pas le droit de signer la lettre de M. Sou-

narration que me remit M. Jeunet (je possède une copie nouvelle de la lettre de M. Souverain). M. Lefils supprime donc M. Souverain au profit de M. Bizet, et je n'ai deviné l'auteur véritable du récit primitif qu'en retrouvant dans le livre de M. Lefils le nom de l'abbé Souverain au bas d'une petite note, dont la rédaction identique à quelques mots de mon récit me frappa. Veut-on savoir, cependant, d'où M. Lefils avait tiré ces mots ? De la lettre de M. Souverain ! On devrait le croire, mais la méthode de M. Lefils n'est pas si simple. Je me suis accusé déjà d'avoir guillemeté comme caractéristiques dans mon récit quelques mots légèrement changés par moi, tant je tenais par ces guillemets à m'approprier le mérite de la rédaction ; eh bien ! comparez maintenant :

COPIE DE LA LETTRE ADRESSÉE A M. DE LAROCHEFOUCAULD.	LE MÊME PASSAGE LÉGÈREMENT MODIFIÉ PAR MOI, *Notices sur l'arrondissement*, t. II, p. 187 ; ET REPRIS PAR M. LEFILS, *Histoire du Crotoy*, p. 306.
« Leur silence donc et leur retenue ont favorisé l'embarquement de Monsieur le duc, bien plus que n'aurait pu le faire leur concours violent, qui, certes, ne lui aurait pas manqué au besoin, non parce qu'ils connaissaient Monsieur le duc de Larochefoucauld, la plupart n'en avait jamais entendu parler, mais par le seul motif que l'on avait regardé leur petite ville comme un lieu de sûreté pour lui. Car il y avait alors et je puis assurer qu'il y a encore dans ce petit pays des sentiments nobles et généreux »	« Le silence des habitants du Crotoy, leur retenue ont favorisé l'embarquement du duc de Larochefoucauld, bien plus que n'aurait pu le faire leur concours visible et violent, concours certain d'ailleurs au besoin et dans tous les cas, non qu'ils connussent le duc, la plupart n'en avaient jamais entendu parler, mais pour le seul motif qu'on avait regardé leur petite ville comme un lieu de sûreté pour lui. Il y avait alors et je puis jurer qu'il y a encore dans ce petit pays des sentiments nobles et généreux. »

Sans doute les changements faits par moi ne sont pas énormes,

verain, et que je n'aurais pu nommer qu'au détriment du véritable auteur ; l'anonyme pour moi était cet auteur que je croyais aussi le véritable expéditeur, car je ne supposais pas qu'on eut pu m'envoyer son œuvre sans son aveu, et l'œuvre ne portant aucun nom, je devais croire véritablement au désir de cet auteur de rester dans l'ombre ; j'ai déjà dit quels soupçons m'affermirent dans cette opinion ; je ne pouvais honnêtement découvrir sans sa permission un homme que je supposais intéressé comme acteur honorable dans le récit même (M. Delahaye, pensais-je alors), un homme qui habitait et dont

mais aussi je commettais la faute de donner comme textuelles des paroles que j'altérais. Que nous offre cependant M. Lefils, trompé par mes guillemets? Tout bonnement le remaniement dont je suis coupable, et il donne ce remaniement avec les guillemets perfides et dans l'assurance malheureuse ici d'un homme qui copie un texte certain. Ma rédaction ne vaut certainement pas mieux que celle de M. l'abbé Souverain, pourquoi donc M. Lefils prend-il cette rédaction, si ce n'est par une des pratiques invétérées de sa méthode? — Notez bien que je n'accuse pas M. Lefils de nommer M. l'abbé Souverain ; je l'accuserais, au contraire, d'oublier trop l'honorable correspondant de M. de Larochefoucauld, car, bien que M. Lefils se soit servi quelque peu de ma rédaction, il est évident, pour moi, qu'il a eu dès-lors sous les yeux la lettre qui fait le fond du récit commun, et je n'en veux pour preuve que l'anecdote du marin Asselin, racontée dans cette lettre et rapportée par M. Lefils avec quelques retranchements ; or, M. Lefils, qui a déclaré raconter l'évasion d'après les renseignements des anciens habitants du Crotoy et qui n'a nommé dans tout le récit de cette évasion M. Souverain qu'en passant, au-dessous de l'extrait remanié par moi comme je viens de le dire et de le montrer, nomme seulement M. Bizet comme auteur de la note relative au marin Asselin.

les parents habitaient le Crotoy, où la publicité de ma narration allait le trouver d'elle-même et qui n'avait qu'un mot à dire si ma discrétion, au lieu de remplir son désir, le blessait.—Il est bien possible que j'aie reçu de M. Bizet la note sur la biographie de Feller; je le crois, et je le remercie aujourd'hui, mais pourquoi M. Bizet ne se mettait-il pas en rapport directement avec moi, comme MM. Berquin et Mathurel, de Saint-Valery, comme MM. Thiébault, curé de Cambron, de Boismont, Parmentier, Blancart, Dufrien et comme tant d'autres que je suis heureux de nommer toutes les fois que je le puis? Car, parmi les hommes qui s'intéressent à l'histoire de notre pays et qui m'ont envoyé des renseignements, maires, ecclésiastiques, instituteurs, simples particuliers, en est-il qui puissent se plaindre de n'avoir pas été cités par moi? En est-il beaucoup à qui je n'aie pas adressé, en outre, des lettres particulières de remercîment?

« La fête de saint Pierre, ajoute M. Lefils, est aussi une petite description qui donne de l'intérêt et du piquant aux pages très sèches de vos Notices; mais ce passage est en entier de M. Adolphe Bizet, qui vous le fit remettre par M. Jeunet. »

Pour cela, par exemple, non. Il ne se peut que les souvenirs de M. Bizet viennent ici en aide à M. Lefils, ou les souvenirs de M. Bizet, égarés par la distance, se trompent. J'ai assisté moi-même, en famille, le 28 juin 1852,—je retrouve la date dans mon récit même (1),—

(1) Je fixe encore maintenant mes propres souvenirs par quelques détails ; je m'étais alors installé au Crotoy pour chasser le phoque et tirer des oiseaux de mer pendant quelques jours.

à la fête de saint Pierre ; longtemps, sous un ciel très-noir, j'ai pris plaisir à voir danser les habitants du Crotoy entre le bûcher en flammes et la mer qui se retirait lentement. J'ai rapporté cette fête *de visu;* je n'ose pas invoquer comme autre preuve la couleur même du récit. Ne faisons pas descendre le sens littéraire au jugement de ces niaiseries.

Je pourrais donc aussi réclamer demain à mon profit, au profit de M. Lefils ou de son voisin, une page dans un auteur quelconque,—M. Paul de Kock ou M. Guizot,—en assurant que cette page m'appartient, ou appartient à M. Lefils, ou au voisin de M. Lefils; et MM. Paul de Kock et Guizot seraient obligés de se défendre contre mes assertions, en prouvant par témoins qu'ils ont vu eux-mêmes les escargots s'échapper dans l'omnibus ou qu'ils ont recueilli tel mot de la bouche du roi ou de M. Royer-Collard !

Notez que le passage indiqué par M. Lefils parut avec la signature placée au-dessous de toutes mes Notices dans le *Pilote de la Somme* du 9 octobre 1855, et que M. Bizet était, dès ce temps, un des correspondants les plus actifs du *Pilote;* j'aurais donc été bien hardi et comme cette hardiesse se trouverait justifiée par les autres parties du volume et par les volumes qui le précèdent ou qui le suivent !

M. Lefils applique trop timidement son système de justification par contre-attaque. Que ne me force-t-il à défendre aussi contre MM. Mesnière et Bizet,—qui n'y pensent guère,— les *Impressions et Pensées d'Albert,* les *Dix mois de Révolution* ou les petits *Contes de La Calprenède?* La présente discussion est une punition terrible de la mauvaise pensée qui me prit un jour de donner tant de mes années les meilleures à l'histoire des bourgs et des villages de notre pays.

M. Lefils ne trouve à chaque instant au bout de sa plume que les mots: *sentiment de vengeance, plaisir de la vengeance, colère, fureur, jalousie* et enfin *calomnie*, (p. 6, 7, 11, 14 et 17 de sa brochure).

Vengeance de quoi? Jalousie pour quoi? Colère et calomnie à quelle page? On sait comment la discussion s'est engagée; par une simple réclamation dans laquelle j'appelais en termes fort modérés l'attention de la critique future sur les *inadvertances*, — c'est le mot dont je me servais, — de M. Lefils. M. Lefils a protesté; sa dénégation des faits très-précis avancés par moi m'opposait la lecture de ses livres; fort de mon droit et de la vérité, je ne pouvais rester sous le coup de cette dénégation; il fallait répondre par la lecture qui m'était opposée; c'est ce que je fis; je démontrai facilement (1) et avec le plus grand calme, par un nombre restreint de remarques, le procédé historique de M. Lefils. Où M. Lefils voit-il dans cette

---

(1) M. Lefils s'abuse singulièrement sur ses livres s'il s'imagine qu'il faille beaucoup de temps pour découvrir les cent preuves de sa méthode d'histoire parmi les mille erreurs qui fleurissent spontanément sous ses mains. — V. *le Procédé historique de M. Lefils* et les trois notes à la suite des présentes rectifications, notes ayant pour objet de répondre au reproche de calomnie que trouve commode, expéditif et urbain de me lancer M. Lefils.

marche, forcément suivie par moi, de la colère, de la vengeance (1), j'hésite vraiment à répéter de la jalousie? Où voit-il enfin, car c'est là le véritable point, où voit-il de

(1) Vengeance! Il n'y a pas là de vengeance, il n'y a que de trop justes réclamations que je fais valoir par des preuves connexes, et c'était bien le moins qu'il m'appartint d'appeler sur elles l'attention des critiques présents et des historiens futurs ; mais un mobile très-sérieux et très-élevé eut pu ou dû suffire à provoquer de ma part, ou de la part de tout autre, le travail que j'ai commencé et que M. Lefils me force à continuer ; ce mobile, je l'ai déjà dit dans ma première brochure, est la cause de la sincérité historique à maintenir intègre et de la justice à rendre à chacun; on pourrait ajouter l'intérêt du public lisant.

Comment M. Lefils entend-il le droit d'appréciation des œuvres de l'esprit? Comment comprend-il les droits de la critique? Où en seraient la science et les lettres, si les savants et les écrivains lettrés n'avaient jamais échangé que des congratulations? La critique seule, — je dis la critique qui raisonne, non celle qui crie et qui n'est plus la critique, — oblige les écrivains à se retirer sur eux-mêmes, à thésoriser leurs forces, à craindre leur œuvre. En quel dévergondage d'hypothèses s'égarerait la science sans ce garde-fou! En quel chaos de formes sans idées et d'apparences d'idées sans formes et sans lien tomberait la littérature !

« A mesure que l'étude de l'histoire fait des progrès parmi nous, écrivait dernièrement M. de Martonne, — *Cabinet historique*, 7e année, p. 124, — une nouvelle science, jadis entrevue, non développée, se dégage et apparaît à son rang. Nous voulons parler de la critique historique, etc. » M. Lefils ne semble d'aucune façon se douter de cette science, dont les degrés ne s'arrêtent ni en haut ni en bas, et que tout historien doit exercer d'abord sur ses autorités et savoir appeler sur ses propres travaux. « J'exhorte, disait déjà un savant du dix-septième siècle en présentant son livre au public avec cette prière qui renferme une double leçon, j'exhorte tous ceux qui aiment notre Histoire, à vouloir lire cet Ouvrage avec attention, afin de le critiquer. Pourveu que cela se fasse sans y employer le style des Halles,

la calomnie? Je ne me suis avancé que sur des preuves ; laquelle de ces preuves a-t-il détruite? Je trouve dans sa réponse du bruit, des dénégations générales, des objurgations ; je ne trouve pas une contre-preuve. Jamais des clameurs de haro ont-elles empêché une preuve de luire?

Mais M. Lefils, qui a un système particulier de discussion comme il a des procédés particuliers de composition historique, échappe aux conditions ordinaires de la logique; force nous est donc de le placer en finissant entre un OUI et un NON infranchissables.

Mes assertions, dans ma première réclamation, comme dans *le Procédé historique de M. Lefils,* sont-elles appuyées sur des preuves? Oui.

M. Lefils a-t-il détruit ces preuves? Non.

S'est-il particulièrement attaqué aux notes numérotées dans ma brochure : I, p. 1; VII, p. 4; XVII, p. 9; XXIII, p. 11; XXVI, p. 12; XXVII, *ibid;* XXVIII, p. 13; XXIX, *ibid;* XXXIV, p. 14; XXXV, *ibid;* XXXVII, *ibid;* XXXVIII, p. 15; XL, *ibid;* XLIV, p. 17; XLVIII, p. 19; LV, p. 21; LVI, *ibid;* LVIII, *ibid;* LIX, p. 22; LX, *ibid;* LXI, *ibid;* LXII, *ibid;* LXIII, p. 23; LXIV, *ibid;* LXX,

---

je seray toujours très-obligé à ceux qui me feront connoître mes fautes. » — Leblanc, *Traité hist. des Monnaies,* préface.

L'histoire est chose sérieuse et sacrée à des titres différents, comme la morale, et il appartient à tout le monde et il est du devoir de chacun de la défendre. L'homme qui met une grande part de sa vie dans le travail tient en grande estime le travail et peut désirer le même respect autour de lui. N'est-il pas un peu bien dédaigneux de juger des résumés d'erreurs, pâture suffisante aux honnêtes gens de la chaumière?

p. 25 ; LXXII, p. 27 ; LXXIII, *ibid;* LXXIX, p. 29 ; LXXXI, *ibid;* LXXXIX, p. 32 ; XCII, *ibid;* XCIII, p. 33 ; XCIV, *ibid;* XCVI, p. 34 ; XCVII, *ibid;* XCVIII, *ibid;* XCIX, p. 35 ; C, *ibid;* CII, *ibid,* pour l'histoire de Rue ; et I, p. 36 ; II, p. 37 ; III, p. 38 ; IV, p. 39 ; VII, p. 40 ; XIV, p. 42 ; XV, p. 43 ; XVI, *ibid;* XXV, p. 45 ; XXX, p. 47 ; XXXIV, p. 48 ; XXXVII, p. 49 ; XXXVIII, *ibid;* XLI, p. 51 ; XLIII, p. 52, pour l'histoire du Crotoy ? Non.

M. Lefils, dans sa réponse intitulée : LES PROCÉDÉS DE M. PRAROND, appuie-t-il ses assertions sur des preuves ? Non.

Suis-je parvenu à démonter la plupart et, dans tous les cas, les plus graves de ses assertions par des preuves, bien que ces assertions, ne s'appuyant sur rien de positif, pussent échapper par leur nature à la discussion par les preuves ? Oui.

Maintenant donc, entre les gages de vérité que j'ai donnés et les gages d'erreurs (1) que fournit M. Lefils, je laisse au public à suppléer par des appréciations à l'évidence qui pourrait ne pas tomber comme un flot de soleil sur quelques rares points.

(1) Voyez les notes qui suivent.

NOTES

En réponse au mot CALOMNIE[1]

Nous voulons établir en trois notes seulement cette fois, et par trois points principaux, qu'il n'y a pas eu calomnie le moins du monde dans notre brochure intitulée : *Le Procédé historique de M. Lefils*, c'est-à-dire que pas une page de M. Lefils ne peut supporter la critique et que partout où il n'y a pas une faute, une erreur, il y a un *emprunt* (2), mais un emprunt fait de telle sorte que le *prêteur*, sans escient, se trouverait aussi la plupart du temps sans titre, si, en ce monde, le droit ne finissait toujours par rencontrer les preuves qui l'affirment. La première des trois notes qui suivent montrera comment M. Lefils traite l'histoire quand il travaille lui-même ; les deux autres montreront ce qu'il fait du travail d'autrui et surtout comment il introduit ce travail dans ses livres. Je tirerai, d'ailleurs, cette fois toutes mes

---

(1) M. Lefils après m'avoir jeté ce mot calomnie m'invite, avec un ton supérieur de conseil, à laisser tomber la discussion par convenance (p. 30 et 31); c'est provoquer doublement la réponse qui est dans ces notes.

(2) Nous laissons de côté, bien entendu, les notes qui ont été fournies à M. Lefils par MM. Papegay, Duval et Dusevel.

preuves de la seule histoire de Montreuil-sur-Mer, ne voulant pas avoir part dans les réclamations.

I

LES ERREURS.

Voyons d'abord les erreurs. Le chapitre, quoique gros (1), laissera encore de la place à celui des emprunts.

M. Lefils déclare dans sa *réponse* qu'il réclame la table et le coin du feu de l'homme du pays ; c'est là certainement la déclaration d'une haute ambition ; la chaumière a droit à plus d'égards et de respect que le cabinet du savant ou le salon de l'oisif ; il faut donc adresser à la chaumière, non des livres de pacotille, mais des ouvrages sérieux, patiemment et religieusement écrits, dans lesquels la science véritable aura su, au besoin, se faire humble pour devenir attrayante, mais en restant toujours vraie. Ce n'est pas un rôle modeste que celui d'instituteur du peuple. Je ne parle pas de la juste mesure du langage qui est une forme de la vérité, et de l'irréprochable érudition dont on doit se sentir maître ; je parle surtout, et là est la hauteur de la mission, des sacrifices imposés par un devoir si exigeant et dont l'accomplissement demande tant de sûreté de vues. Sans doute on pourra s'abstenir des citations latines ; j'admets qu'il n'y ait pas là quelquefois bénéfice,— prudence pour quelques-uns,— que de pertes en échange ! Peut-être faudra-t-il renoncer au mérite des grandes découvertes dans le passé problématique ; obligation sera de ne point trop s'attacher à la montre des belles sciences, à l'honneur d'avoir tout trouvé soi-même dans les livres rares, dans les bibliothèques, dans les archives ; l'abnégation vous enfermera dans l'histoire stricte et défendra à coup sûr à votre caprice (la crédulité

(1) Les erreurs de M. Lefils viendront encore appuyer indirectement ma thèse sur les deux points que j'attaque, disais-je dans ma première brochure, que je soutiens aujourd'hui. En effet comment s'expliquera-t-on que M. Lefils ne dise juste que lorsque son histoire est faite avec des emprunts textuels non déclarés ou déclarés comme on le verra ?

ne se suppose pas) de courir l'aventure des bibliothèques bleues ou des légendes apocryphes. L'histoire toujours sérieuse et sacrée devient plus sacrée encore, s'il est possible, lorsqu'on veut la répandre comme un enseignement rustique. Voyons donc comment M. Lefils a entendu servir l'éducation de la chaumière.

Si nous ouvrons l'*Histoire de Montreuil*, nos yeux, tombant sur la page 8, rencontrent d'abord le nom de *Britannia;* ce nom nous mettra de suite sur la voie de quelques remarques provoquées par la complaisance particulière, mais malheureuse, de M. Lefils, pour les temps antérieurs à César. M. Lefils reproche en propres termes (p. 23) aux historiens locaux d'avoir négligé la période gauloise (1). M. Lefils, qui est resté sur tous les points bien en arrière de la sévérité historique de notre temps, ignore sans doute que les origines gauloises, souvent bien contestables, de quelques-unes de nos villes n'offrent plus aux écrivains que de vieux sujets, très-rebattus, et dont on a abusé pendant deux siècles. Un des reproches justement adressés aux anciennes histoires de ces villes est la trop grande place accordée aux Gaulois; les considérations qu'on peut produire sur l'époque antérieure à la conquête romaine, les faits mis en lumière par cette conquête sont les mêmes à peu de chose près partout, que l'on écrive Morins, Bellovaques ou Suessiones au lieu du nom général de Gaulois. Depuis longtemps les écrivains sérieux ont renoncé à ces banalités, les écrivains prudents se sont gardés des hypothèses sur les mêmes points, et l'on n'y revient plus par égard bien entendu pour soi-même, autant que par respect pour ses lecteurs, si l'on n'a quelque découverte spéciale ou quelque point de vue local tout nouveau à produire.

Mieux vaut, d'ailleurs, ne pas parler de ces temps lointains que d'y affermir ou d'y transporter des erreurs.

Ainsi de *Britannia*, la ville sans base, dont il faut pardonner l'in-

(1) M. Lefils se trompe, d'ailleurs. M Louandre, dans le livre Ier (chap Ier), de son *Histoire d'Abbeville*, expose à peu près tout ce qu'il est possible de savoir et de dire sur les Gaulois qui habitaient la circonscription de notre Ponthieu; il s'explique notamment sur les Morins dans les pages 4 et 5, et met judicieusement en présence les différentes opinions qui laissent encore indécises les limites de cette peuplade. Il est assez douteux, en somme, Montreuil étant sur la rive gauche de la Canche, que l'emplacement de cette ville ait appartenu au territoire des Morins.

vention à Sanson, excusable en son temps par l'état de la science qu'il créait, par l'amour du pays et par les ellipses d'un texte non encore élucidé. Le point autrefois discuté ne fait plus question maintenant et la critique géographique a chassé toutes les ombres ; il serait permis à tout autre qu'à un habitant d'Abbeville de ne point connaître les concluantes explications données par M. A. de Poilly dans les *Mémoires de la Société d'Émulation d'Abbeville*. M. de Poilly établit très-bien que *Britannia* ne dut jamais son existence chimérique qu'à une erreur de traduction : Strabon et Polybe avaient parlé de la *terre britannique* ou plutôt de la *Britannique*, en sous-entendant les mots terre ou île. Un savant du seizième siècle, Guillaume Holtzman, qui traduisit en latin la géographie de Strabon, donna comme équivalent de cette île britannique le mot *Britannia*, et plus tard Sanson, jaloux d'ériger en cité antique sa ville natale, transforma, à son tour, toute l'Angleterre en ville gauloise. Nous conviendrons cependant qu'il est plus commode d'accepter des erreurs toutes faites que d'appliquer à l'exposition de la vérité une réflexion pénible et un travail d'examen et de choix. Mais, s'il est prouvé que *Britannia* n'exista jamais, il devient trop fort de dire que cette ville porta le nom d'*Oppidum Ponticum* ou de *Civitas Morinorum* et d'en chercher la place près de Montreuil ou sur la rive gauche de l'Authie.—*Histoire de Montreuil*, p. 8.

Page 10.— L'histoire de la Gaule, comme la comprend M. Lefils, fait passer sous nos yeux des personnages qui rappellent comme réalités les rois et les princes de l'historien Perrault. « Avant l'arrivée des Romains, dit M. Lefils, deux chefs de ces sauvages régnaient sur le pays des Morins. L'un était Divitiac, l'autre Galba dont les États furent investis par Arioviste, roi des Huns ou Germains, etc. » Si M. Lefils eut su lire César, il eut vu que Divitiac était, non un roi de Morins, mais un chef des Eduens (dont le territoire se composait des diocèses d'Autun, de Châlons, de Macon et de Nevers), Galba était un roi des Suessiones, à moins que M. Lefils n'ait pris pour un roi de Morins un des deux lieutenants de César, Sergius et Servius Galba? Quant aux Huns, c'est un peuple asiatique qui n'avait pas encore fait son apparition en Europe.

Page 23. — Où M. Lefils a-t-il pu voir des monuments gaulois présentant des colonnes carrées de la pierre la plus dure et des tombeaux gaulois de pierre ou de plomb? Il n'y avait pas de temples chez les Gaulois (1), les tombeaux de pierre ne sont pas gaulois, mais gallo-romains, toute une civilisation nouvelle a remplacé alors la civilisation gauloise; quant aux tombeaux de plomb, les plus anciens ne datent que du moyen-âge.

Mais ces opinions rentrent dans les hypothèses particulières à M. Lefils; l'intuition peut tromper parfois; voyons donc comment, sur un terrain plus solide, M. Lefils tire parti des textes précis.

Page 18. — « César dit quelque part dans ses Commentaires que les peuples de la Morinie étaient *comme esclaves*, courbés sous le joug et l'orgueil de leurs prêtres, et chargés de dettes et d'impôts par la violence des grands. » César ne parle point spécialement de cet état des Morins, qui, présenté ainsi, pourrait faire croire que leur condition était différente de celle des autres peuples de la Gaule. César dit : *In omni Gallia eorum hominum, qui aliquo sunt numero atque honore, genera sunt duo: nam plebs pœne servorum habetur loco*, etc. — Voyez le sixième livre des Commentaires, paragrahe XIII.

Page 23. — Je reviens sur cette citation de César, *utuntur aut aere, aut taleis ferreris ad certum pondus examinatis pro nummo* (2); je ne m'arrêterai pas cette fois sur le latin que M. Lefils prête au conqué-

---

(1) Des colonnes de la pierre la plus dure, des *figures grossièrement sculptées* n'eussent pu appartenir qu'à des temples, à moins que les Gaulois de M. Lefils ne soient des Gaulois de tragédie pérorant sous les chapiteaux français d'Agamemnon. — Dans un seul texte, le mot de temple se trouve mêlé à l'exposition de quelques cérémonies gauloises, et M. Lefils ne donne pas ce texte: « *Spolia corporis caputque ducis* (il s'agit de la tête du dictateur Posthumius) *Boii ovantes, templo, quod sanctissimum est apud eos, intulere: purgato inde capite, ut mos iis est, calvam auro cœlavere: idque sacrum vas iis erat, quo solemnibus libarent: poculumque idem sacerdoti esse, ac templi antistibus.* » - Tit. Liv. *lib.* 23, *cap.* 24. Mais il s'agit, dans ce passage, non des habitants des Gaules primitives, mais des Gaulois cisalpins et de ceux même établis au-dessous du Pô. Le mot temple peut ne signifier ici que le bois voué aux cérémonies du culte, et, dans tous les cas, le mot est en désaccord avec tout ce que César nous apprend des Gaulois (on pourrait ajouter Tacite des Germains, en raison des religions presque semblables des deux peuples séparés par le Rhin); le critique aurait le droit de demander enfin où jamais furent rencontrées ces colonnes carrées de la pierre la plus dure, monuments de l'époque véritablement gauloise comme l'entend M. Lefils, « avant la conquête des Romains, » et « dans la Gaule-Belgique » ou « dans nos hautes régions de la Picardie. » Quand on écrit l'histoire particulière d'un pays, il faut préciser les faits particuliers à ce pays.

(2) *Le Procédé historique de M. Lefils*, p. 55.

rant ; je vais droit aux conséquences tirées du passage par M. Lefils :
« *Voilà pour les amateurs de l'antiquité qui recherchent avidement des médailles gauloises avant la conquête des Romains, un grand obstacle à en trouver, ce me semble,* » et je compte d'emblée trois grosses erreurs. D'abord, César ne parle, dans le passage invoqué, ni de la Gaule-Belgique, ni des Morini, ni de la peuplade des Britanni que Pline place un peu au-dessous des Morini ; il ne nomme aucun des peuples de la Gaule, mais les habitants de la Grande-Bretagne. Secondement, le témoignage de César, quant aux monnaies d'or, est diamétralement opposé à celui que M. Lefils lui attribue : *Utuntur*, dit César, *aut ære, aut* NUMMO AUREO, *aut taleis ferreis ad certum pondus examinatis pro nummo ;* ainsi le peuple nommé par César se servait bien de monnaie d'or ; troisièmement, enfin, si les habitants la Grande-Bretagne se servaient de monnaie d'or, à plus forte raison les Gaulois, et le fait n'a jamais été mis en doute ; les preuves matérielles existent, et M. Lefils n'a qu'à visiter le cabinet des médailles de la bibliothèque impériale ou, pour plus de hâte, à parcourir la *Description des médailles Gauloises du cabinet de France,* par A. Duchalais.

Ainsi la citation faite dans l'histoire de Montreuil est fausse et la citation vraie détruit toutes les réflexions de M. Lefils.

Page 24.— « Faut-il s'étonner si César dit de la Morinie expressèment (de la MORINIE *expressèment*), que ce qu'on y appelait une ville, *oppidum autem vocant,* n'était souvent qu'un bois, un marais, lequel servait de retraite contre les courses de l'ennemi? » César parle si peu de la Morinie *expressèment* dans le passage dont M. Lefils cite trois mots, que ce passage fait partie du V° livre des Commentaires où l'historien raconte sa seconde expédition dans la grande Bretagne; ce passage n'explique qu'un moyen de défense des Bretons : *Oppidum autem Britanni vocant, quum silvas impeditas vallo atque fossa munierunt, quo incursionis hostium vitandæ causa convenire consuerunt.* Les Bretons appellent oppide un refuge situé dans des bois épais qu'ils fortifient par un rempart et des fossés, et où ils ont l'habitude de se retirer pour se soustraire aux incursions de l'ennemi (1). Ainsi même il ne s'agit pas de ville dans ce passage, mais d'un refuge momentané en des circonstances particulières.

(1) Traduction de M. Charles Louandre, édition Charpentier, 1855.

Quant à ces singularités que les femmes étant communes chez les Gaulois, les enfants appartenaient à celui qui avait le premier épousé la mère (p. 9) ; que les Morins se teignaient le corps et la figure avec du pastel ; qu'ils se rasaient tout le poil, hormis les cheveux et la lèvre supérieure (p. 10) ; qu'il ne leur était pas permis de manger de lièvres, d'oisons, ni de poules (p. 19), elles appartiennent toutes encore, non aux Morins, mais aux habitants de la Grande-Bretagne.— Voyez *César*, liv. V, paragraphes XII et XIV, p. 196 et 198 de l'édition de M. Ch. Louandre. Paris, 1855.

Nous ne sommes pas au bout ; M. Lefils ne se contente pas de transporter aux Morins les mœurs et les superstitions des peuples séparés d'eux par la mer ; il lance dans leurs forêts « des animaux d'une force et de grandeur que nous ne voyons plus, tels que l'*élan*, dont parle César, l'*uroch* ou l'*urus* (p. 24). » César nomme, en effet, et décrit l'élan et l'urus, mais il ne les rencontre qu'au-delà du Rhin dans la forêt Hercynienne.—Voyez *César*, liv. VI, paragraphes XXVII et XXVIII, p. 277 et 278 de l'édition de M. Louandre.— M. Lefils ne pourrait se retirer sur les témoignages de la géologie, car l'animal que César décrit sous le nom d'élan est complètement fabuleux.

Et encore où César parle-t-il du château de *Wimaw* qu'il attaqua (p. 12) sur le promotoire de Braium?

Je le demande au lecteur, quelles notions exactes sur les mœurs et sur l'histoire des Gaulois habitants des bords de la Canche, M. Lefils a-t-il répandues chez les *hommes du pays* par ses déclarations hasardées et par ses interprétations fautives des textes tronqués ou mal compris de César ?

M. Lefils apportera-t-il plus de rigueur historique dans les siècles qui s'ouvrent avec notre ère ? On en jugera.

« Les apôtres, dit-il (p. 25), vinrent de bonne heure prêcher la foi chrétienne à Braium, à Quentovic, lieu voisin, et dans les environs... On vit Joseph d'Arimathie traverser la Morinie, etc... On prétend que saint Pierre..., etc. » et plus loin (p. 28) : « C'est vers cette époque que parut sainte Hélène, femme de l'empereur Constance-Chlore et mère du grand Constantin qui réédifia la ville de Hesdin et y fit construire une retraite qu'elle vint habiter (1). » Ainsi M. Lefils

(1) Il n'est point permis, lorsqu'on aborde les origines d'Hesdin, ou du moins

recueille, sans aucune espèce de critique, les légendes apocryphes et les traditions fabuleuses ; il écrit la bibliothèque bleue de l'histoire pour disputer plus sûrement, sans doute, le foyer rustique aux aventures des quatre fils Aymon. Ce sont véritablement légendes des romans de chevalerie. Malbrancq, derrière lequel M. Lefils s'abrite le plus souvent, n'enterre-t-il pas au Crotoy un petit-fils d'Uter Pandragon, un neveu du roi de la Table Ronde ? Les autorités de M. Lefils n'en sont pas (1) ; nous verrons plus loin comment il dissimule celles qui pourraient lui servir d'appui.

l'hypothèse de Malbrancq, d'oublier l'excellente et concluante *dissertation* de M. Vincent, de l'Institut, *sur la position géographique du vicus Helena*. Les quelques écrivains qui ont cru retrouver Hédin dans ce *vicus* témoin de la victoire des Romains d'Aëtius sur les Francs de H'lodion « paraissent, dit le savant professeur, n'avoir d'autre base que l'opinion du P. Malbrancq, auteur d'une *Histoire des Morins*. Cet écrivain, renommé d'ailleurs pour sa crédulité, raconte, sans citer aucune autorité, qu'Hélène, mère de Constantin, répudiée par Constance Chlore, avait construit sur les bords de la Canche un magnifique château qui, d'abord, porta son nom, et que ce nom se changea par la suite en celui d'Hesdin : *Ad Quantiam Morinorum tranquillius dabatur perfugium. Illic Castellum egregium editiore in ripâ condidit Helena, accedente ad marginem utrumque vico, quæ ejus nomen Helenam induere, postmodùm in Hedenum et Hesdinum tempora commutárunt* (DE MORINIS, lib. 2, cap. XV.—Voyez aussi Hennebert, *Histoire générale d'Artois*, t. I, p. 167). Or, à ce récit, il ne manque, comme nous l'avons déjà dit, que des preuves. Aussi serait-ce lui faire beaucoup d'honneur que de lui donner pour pendant l'ingénieuse histoire où l'on voit la ville de Paris reconnaître pour fondateur et parrain le ravisseur d'une autre Hélène, le fils du roi Priam, en un mot le berger *Páris*. »

Quant à Joseph d'Arimathie, M. Lefils a oublié de nous donner, d'après Malbrancq, qui lui devait par William Good, de la Société de Jésus, les armes du saint, autrefois gravées sur l'airain d'une croix plantée à Glasgow, trente ans après la passion du Christ, et renversée par les persécutions d'Élisabeth : *Scutum album in quo per longum erigitur stipes crucis viridis et nodosæ, et de latere ad latus extendundur brachia seu rami crucis stipiti consimilia; sparguntur guttæ sanguinis per omnem scuti aream, utrumque ad stipitis latera subque alis crucis ponitur ampulla inaurata*; autrement : d'argent à la croix noueuse de sinople accompagnée de gouttes de sang ou de larmes de gueules et de deux fioles d'or posées l'une à dextre, l'autre à senestre.—Malbrancq, *Scholia in lib. II*, t. I, p. 605.

(1) Page 46. — « Un manuscrit qui existait dans l'abbaye de Ste-Austreberthe, mais qui a été perdu depuis, nous apprend, etc... » Où M. Lefils a-t-il vu ce manuscrit perdu ? M. Lefils eut du citer au moins le P. Simon Martin. Le ms. de sainte Austreberthe était l'œuvre d'un prêtre de Montreuil nommé Wistasse Wauco. Écrit en français du douzième ou du treizième siècle, et en très-mauvais état, il fut

Sur ces mêmes autorités apocryphes, nous voyons (pages 29 et 33) les Huns débarqués (le mot y est) dans la baie de la Cauche, vers 641, et brûlant Quentovic et Braium.— Les Huns débarqués (le mot y est encore), en 754, dans le *sinus Quentavicus* et battus près d'Hesdin par un comte de Ponthieu. Ces escapades des Huns (peuple asiatique comme chacun sait et disparus avec Attila (1)), ne nous

refondu par le P. Simon Martin, qui y ajouta une histoire de l'abbaye, laquelle histoire, imprimée à un petit nombre d'exemplaires, en 1635 (à l'usage des religieuses), n'a jamais été dans le commerce.

(1) M. Lefils s'appuie bien évidemment sur quelque extrait ou bout de traduction de Malbrancq, mais si les érudits savent quel fond on peut faire de Malbrancq, les *hommes du pays*, pour lesquels écrit M. Lefils, ne le savent certainement pas ; voilà donc du coup toutes leurs connaissances d'histoire en déroute. C'était bien ici le cas ou jamais de discuter Malbrancq, d'autant mieux que Malbrancq met lui-même ses lecteurs sur la voie de la discussion. Je citerai le texte latin pour plus de clarté et aussi pour offrir à M. Lefils l'occasion de le traduire lui-même : « Elerii (cujus adventus anno superiore consignatur) longiorem sedem in Morinis futuram, credo, decurtarint Hunnorum ingentes copiæ, quas ferunt fasti Gallici e Germania sese in Franciam effudisse Picardicam. Ad Dagoberti retundenda tela, quibus se iniquiùs rebantur impetitos, venerant. . . . . Credimus ergo Blangiacum agrum Thenœ Quantianis aquis se miscenti assidentem (alias ibidem duos exercitus legimus commisisse, et Dagobertum victorem sibi illa prædia vindicasse) certaminis campum fuisse et arenam. Siquidem è Stapulensi seu Monstroliensi portu, unde illa Hunnorum prorumpebant agmina, liberrimus in hunc et Teruanam usque et Ariam per vias romanas patebat aditus. Hinc quœpiam horum locorum nomina quid Chunicum vel Hunicum redolent. Gregorius Turonensis, quoties ipsos Gallias adpetiisse meminit, semper Chunos vocat. Si porrò id temporis latinè Chuni, vulgò *Chun* appellabantur septentrionales populi. Itaque vicus *Blangia* dictus, ubi Chuni consederant, *Blangiachun* hostili videtur auctus esse incremento, cum modò primigenium et vulgare *Blangi* nomen retineat. » Nous sommes heureux de pouvoir donner sur ce passage même de Malbrancq l'opinion de M. Alfred Jacobs, l'homme de France qui connaît le mieux Grégoire de Tours : « Je ne connais par les textes, nous dit M. Jacobs, que deux agressions hunniques, celle d'Attila et les tentatives de l'an 566, mentionnées par Grégoire : *Chuni iterum in Gallias venire conabantur*; Sighebert est battu est pris ; mais il se tire par son habilité des mains des Huns. *Hist. eccl.*, IV, 19.— Il est vrai que Grégoire emploie habituellement la forme Chuni et de même Frédégaire ; mais je ne crois pas du tout que les Barbares aient donné leur nom, comme terminaison à des villages; ils ne se sont pas assez installés sur le sol ; il faudrait d'ailleurs citer plus d'un exemple, ainsi pour les *Saxones-Bajocassini*, Saxons fixés dans les environs de Bayeux pendant des siècles, qui ont donné des formes et des terminaisons germaniques aux localités, ce n'est pas un village, ce sont des groupes entiers qui conservent ces traces d'origine étrangère.— En somme, les Huns ont été des envahisseurs, mais vagabonds et nomades ; il n'y a pas trace qu'ils se soient fixés quelque part, à l'exception d'une petite branche de cette nation qui, au temps de Julien, est

rappellent-elles pas les incursions des Vandales à Rue, relevées déjà par nous? Il est vrai que sur ce dernier point M. Lefils rembarre joliment nos observations : « Je puis vous répondre, dit-il, prouvez-moi qu'ils n'y vinrent pas. » La réplique est bonne à enregistrer ; c'est toute une révélation sur la science historique de M. Lefils (1).

entrée jusqu'en Poitou, les *Theifales*, dont le nom se retrouve encore dans le pays de *Tiffauges*. Quant à s'établir en Picardie et à y être venus par mer, ce ne peut être qu'un fait exceptionnel et isolé si ce n'est une erreur, donc on ne doit induire aucune conséquence générale. » Voilà avec quelle précaution il faut marcher et de quelle lumière il faut s'entourer quand on veut entrer dans les forêts de Malbrancq, que semblent habiter Merlin et les héros de sa connaissance.

Tout au plus un historien qui se sert de Malbrancq peut-il dire que certains auteurs postérieurs à Grégoire de Tours (dont le récit s'arrête à 596, bien avant le règne de Dagobert), purent donner le nom de Huns à ces *Dani*, ancêtres des Normands, qui, depuis Théodoric, fils de Clovis Ier, étaient familiers avec nos côtes, mais il fallait faire cette remarque et ne pas exposer les *hommes du pays* à confondre les avant-coureurs des grandes invasions du dixième siècle avec les compagnons d'Attila. Il fallait imiter Malbrancq lui-même dans ses précautions : *Vulgò Chun appellabantur septentrionales populi*, et ailleurs encore, à l'occasion des invasions du Nord : *Chunos seu Saxones*, liv. II, ch. XLV, p. 223. — C'est la prudence qui fait toujours défaut chez M. Lefils, mais il y a mieux, enfin, pour cette invasion de 641, et M. Lefils renchérit sur les témoignages qu'il invoque. Malbrancq désigne à peine Quentovic et seulement comme lieu du débarquement; *si quidem e stapulensi...*; l'incendie et la destruction complète « de fond en comble » de cette ville et de Braium sont de l'invention de M. Lefils (Malbrancq n'a d'ailleurs *jamais* nommé *Braium*). — Voyez sur la descente des Normands à Quentowic en 641 la *Revue départementale*, 1827, no 198, à laquelle M. Gustave Souquet renvoie dans son *Histoire chronologique de Quentowic et d'Étaples*. — *Picardie* de 1861, p. 61.

(1) Les Vandales ne vinrent pas à Rue, — faut-il faire au lecteur l'injure de l'expliquer ici? — parce qu'ils n'entrèrent pas dans le Ponthieu. M. Lefils m'objectera Malbrancq ; je le sais, à défaut des Huns, Malbrancq nommera les Vandales: « tum per *Hunnos, Vandalos, Francones*, etc., » préf. du t. 1er, p. 2; ainsi encore dans le chap. XXIV du livre II, mais dans ce chapitre qui nous reporte à l'année 406, l'historien de la Morinie s'appuie sur un passage de saint Jérôme, et saint Jérôme dit seulement (je copie sur Malbrancq lui-même) : « Quidquid inter Alpes ac pyrœneum est quod Oceano et Rheno includitur, Quadus, Wandalus, Sarmata, Alani, Gipedes, Heruli, Saxones, Burgundiones, Alemanni et (ô lugenda Respublica !) hostes Pannonii vastarunt. . . . . . » Saint Jérôme ne dit point quel fut celui de ces peuples qui s'avança dans la Morinie. Malbrancq l'avoue lui-même : *hactenus Hieronymus*. Saint Jérôme, quoique contemporain des faits, écrivait ses lettres à Bethléem et les évènements se passaient bien loin de ses yeux. Il ne résulterait pas de la suite du récit même de Malbrancq que ceux de ces barbares, quels qu'ils fussent, à qui il fut donné de traverser la Morinie, y eussent fait de grands ravages. « *Quamvis barbari adeoque feroces populi hujus modi perhibeantur*

Page 34. — Nous retrouvons encore à cette page le nom de *Braium*. Il est temps de s'expliquer sur la valeur de l'hypothèse que ce nom couvre. L'abbé Anségise ayant laissé par son testament (voyez la *Chronique de Fontenelle*) une somme d'argent à l'abbaye de St-Saulve, *in Brago*, quelques écrivains, dom Ducrocq d'abord, M. Labourt dans ces derniers temps, ont reconstruit sur ces mots un lieu, un bourg nommé *Bragum* (ou, je ne sais trop pourquoi, *Braium*); ainsi un mot du testament d'Anségise est le seul fondement de l'hypothèse, très-controversée d'ailleurs, qui retrouve Braium sous Montreuil. Nous n'examinerons pas s'il n'y a pas lieu de reconnaître dans ce mot une faute des premiers copistes et s'il ne faudrait pas lire tout simplement *in burgo*, saint Saulve dans le bourg (l'abbaye étant en effet au milieu de la ville), comme dans une autre position on eut dit saint Saulve aux champs, *in campis*; nous ne voulons rien discuter ici, mais remettre les questions dans le juste point de doute où la discussion doit les prendre.

M. Lefils, qui n'a donc pas inventé lui-même *Braium*, mais qui en connaît si bien la position au fond du golfe *Quentavicensis*, tombe parfois dans d'étranges contradictions. « Jusqu'alors, dit-il (jusqu'au temps de Nithard), Montreuil n'existait pas; il n'y avait qu'un bourg maritime du nom de Braium, situé au pied d'un pro-

tamen Morinorum, Nervicanorum, Rothomagensium templis ac monasteriis pepercisse auctor est ipse Nolanus Episcopus, etc. » Il est dans tous les cas bien établi que saint Jérôme ne nomme point particulièrement les Vandales comme dévastateurs du pays des Morins ni du Ponthieu, bien que Malbrancq en son chap. XXV (L. II.) raconte comment l'empereur Constantin (d'où sortent les comtes de Boulogne, étant neveu de Grallo, prince de la Grande-Bretagne et père d'Uther Pandragon), rassemble une armée dans la ville de Boulogne et chasse les Vandales, et son récit même, car enfin la vérité perce toujours par quelque point, montre bien que Constantin ne rencontra plus les Vandales dans la Morinie et ne put les atteindre que fort loin, c'est-à-dire sur le trajet connu de ces barbares, trajet bien en dehors du pays des Morins. Ainsi Malbrancq s'est servi du mot Vandales comme synonyme de barbares ou comme nom du peuple représentant plus terriblement la grande invasion de 406, ou bien il ne faut pas attacher plus d'autorité au choix qu'il a fait du peuple dévastateur, qu'aux parentés bretonnes dont il anoblit le soldat de fortune, empereur Constantin. En dernier mot, saint Jérôme, l'autorité de Malbrancq, n'a jamais dit que les Vandales eussent ravagé la partie des Gaules appelée depuis Ponthieu; mais, dans tous les cas, on ne contestera jamais à M. Lefils l'honneur d'avoir le premier annoncé l'entrée de ces barbares dans Rue, que saint Jérôme n'a jamais nommée à coup sûr.

motoire à l'embouchure de la Canche. » Et quelques pages plus loin (p. 42), (au temps d'Helgaud « fils ou neveu de Nithard »), vient cette citation : *Erat tunc temporis civitas Monstroliensium antiquis nemoribus plena, deserta et invia, ab hominum cohabitatione remota;* or, si Braium, le bourg maritime suivant M. Lefils, existait déjà, comment n'y avait-il pas d'hommes dans le pays? Il est vrai que la citation, étant latine, n'a pas empêché M. Lefils d'adopter, quelques lignes plus haut, l'opinion tout opposée de M. Labourt, à savoir que saint Saulve choisit pour établir son monastère « l'endroit de ce pays où il y avait le plus d'habitants. » Le moyen de concilier ces contradictions? Les HUNS ne sauraient être ici d'aucun secours, car, de l'aveu même de M. Lefils, ces malheureux Huns « sous la conduite d'Attila » étaient venus à bout du château de *Braium* ou *castrum regium* avant l'arrivée de saint Saulve.

Page 33. — « C'est à lui (Charlemagne) qu'il faut reporter la création effective du comté de Ponthieu. » L'affirmation mériterait l'appui de quelques autorités. En histoire, il faut être précis, citer les témoignages, les noms, les dates, et citer exactement. Charlemagne changea peu de chose, je pense, aux circonscriptions administratives anciennes et rien ou presque rien aux qualités des officiers. Bien avant lui, nous voyons des ducs de la France maritime, et ce que l'on appelait alors la France maritime s'étendait dans les limites les plus larges qui jamais furent attribuées au Ponthieu. Les ducs, comme les comtes, étaient des officiers d'origine romaine; Charlemagne reçut ces officiers du régime mérovingien et les laissa à ses successeurs ; leurs fonctions ne variérent pas sous lui et ce ne fut pas lui qui établit l'hérédité des fiefs ; les ducs avaient au-dessous d'eux des comtes, c'est-à-dire des officiers exerçant surtout la justice. Charlemagne ne changea donc légalement rien aux limites ni à l'administration de la France maritime ou du Ponthieu.

Page 36. — « Du Cange prétend qu'ils (les comtes) possédaient déjà leur charge à titre héréditaire. Nous verrons, par le cours des évènements qui vont suivre, laquelle de ces opinions est fondée et qu'il n'y eut jamais de comtes de Ponthieu proprement dits ; mais des comtes de Ponthieu qui, succédant aux commandants ou ducs maritimes créés par Charlemagne, habitèrent successivement Saint-Riquier, Montreuil et Abbeville. » M. Lefils se permettrait-il de réfuter Du

Cange? La prétention témoignerait d'une audace vaillante, et Du Cange n'a qu'à se bien tenir sur le socle que lui a élevé, au milieu d'Amiens, la Société des Antiquaires de Picardie.

Faut-il renvoyer sur les ducs *créés* par Charlemagne à ce que nous venons de dire plus haut?

Ibid.— « Jusques là (IX⁰ siècle), il n'était parlé que de Quentovic et de *Braium*. » Je voudrais bien savoir où il fut parlé de *Braium* (*Bragum*) en dehors du testament d'Anségise. Partout où M. Lefils nomme *Braium*, il peut être mis en demeure de citer les autorités. Ainsi, par exemple, pour la bataille livrée aux Francs « entre *Hesdin* et *Braium* » par Aëtius, général romain, commandant à *Arras* (p. 28); ainsi pour beaucoup d'autres affirmations; est-il nécessaire encore de renvoyer sur la bataille d'Aëtius à la dissertation de M. Vincent?

Page 40.— « Cette ville (Quentovic) dut se former après l'invasion du pays, car Jules César n'en fait aucune mention dans ses Commentaires. » Que Quentovic ait ou n'ait pas existé alors, nous ne savons, mais qu'elle n'ait pas existé parce que César n'en parle pas, la preuve est médiocre; il y avait dans les Gaules des centaines de villes que César n'a pas nommées.

Ibid.— « Et, au contraire de Britannia, dont il ne parle pas non plus, mais qui disparut entièrement après l'arrivée des Romains, Quentovic brilla pendant l'occupation romaine, etc. » De quelles preuves s'autorisent ces affirmations? Nous nous sommes expliqués sur *Britannia*; quels sont les témoignages de l'éclat jeté par Quentovic pendant l'occupation romaine? Toujours des hypothèses ou des présomptions données comme des certitudes.

Ibid. — « C'était le Hâvre où l'on s'embarquait pour aller en Angleterre, car sans doute Montreuil avait déjà cessé d'être un port praticable. »

Ne croirait-on pas, en lisant ce passage, que Quentovic succéda à Montreuil. Or, la charte de Dagobert, que rappelle M. Souquet, établit que dès 629 Rouen et *Wicus* (Quentovic) étaient les deux ports les plus importants où l'on débarquât d'outre-mer.—*Picardie*, mars 1861, p. 60. Quentovic sert encore, en 673, au débarquement d'un évêque anglais.— M. Souquet, *Picardie* de février 1861, p. 62. Enfin, nous disent encore MM. Louandre et Souquet, à la date de 787 Quentovic était, avec Rouen et Amiens, un des trois entrepôts du nord de la France.—*Picardie* de février 1861, p. 64.

Ce serait ici le lieu de mettre en scène le lecteur même à qui M. Lefils s'adresse de préférence.

L'*homme du pays* qui voudrait se rendre sérieusement compte de l'âge de Montreuil sur les pages de M. Lefils se trouverait fort embarrassé.— Il a vu (p. 40) que Montreuil avait cessé d'être un port praticable lorsque Quentovic s'ouvrait déjà aux navires des saints. Donc, a-t-il pensé, Montreuil est antérieur à Quentovic. Mais, ses yeux se portent sur la page suivante, et il voit qu'au temps de Louis-le-Débonnaire le promontoire (de Montreuil), déjà probablement habité depuis longtemps, ne fut connu cependant qu'après la destruction de Braïum. Or, suivant M. Lefils lui-même, *Braïum* ayant été détruit en 641 par les Huns en même temps que Quentovic (p. 29), Montreuil ne peut plus dater que de 641 ; il est vrai que M. Lefils ne sait plus déjà (p. 41) si *Braium* fut détruit par une descente de pirates ou par une inondation ; quoiqu'il en soit, Montreuil succède maintenant à Quentovic. L'*homme du pays*, un peu désorienté, poursuit sa lecture et voit quelques lignes plus bas qu'un château crénelé existait déjà sur le promontoire de Montreuil du temps des Romains. Malbrancq et Hariulfe en parlent, et les Huns « sous la conduite d'Attila » en sont venus à bout. Voilà qui est clair ; l'*homme du pays* s'étonne un peu qu'un lieu *habité*, défendu par un château crénelé du temps des Romains, soit moins connu que la bourgade de *Braïum*, bâtie, ce qu'on ne lui a pas dit d'ailleurs, sur un seul mot d'un testament. Il comprend, cependant, qu'après la destruction par les Huns, les habitants « se dispersent » et que le pays redevienne « désert, inculte et sauvage, » mais il tourne la page et voit avec un nouvel étonnement que c'est justement « alors » que saint Saulve vient choisir, pour établir son monastère, « l'endroit du pays où il y avait le plus d'habitants. » Demanderai-je à quelle clarté se rattache enfin l'*homme du pays* au milieu de ces contradictions ?

Page 43.—Helgaud, constructeur de la « ville » de Montreuil, d'un « château en pierres blanches » et d'un « monastère en l'honneur de saint Saulve. » — Je sais bien que M. Lefils a pu prendre tous ces faits ou une partie de ces faits dans des notes tirées de Malbrancq ; mais je préfère l'autorité et la critique de Du Cange qui dit, en discutant les assertions de Malbrancq lui-même sur Helgaud : « Un auteur de ce temps ajoute que ce fut ce comte qui fit bâtir la ville de

Montreuil, ce qu'il fit, à ce qu'il dit, sur le plan de la ville de Bologne (Boulogne), dont il était comte. Tout ce discours est tiré d'une généalogie des comtes de Bologne, dressée vers l'an 1400 sans aucun fondement. » *Hist. des Comtes de Ponthieu*, bibli. de l'Arsenal, ms. hist. de Fr., vol. 237.

J'oppose d'autant plus volontiers à M. Lefils ce témoignage que je suis sûr qu'il a eu sous les yeux une copie, complète ou non, des *Comtes de Ponthieu* de Du Cange.

Page 47.— Helgaud organise « un système de défense » contre les Normands en défrichant des bois. Je le veux bien, mais je demande des preuves.

Page 49. — « Du Cange prétend cependant qu'il (Herluin) bâtit Montreuil sur le plan de la ville de Boulogne. » — On voit de suite, sans plus d'explication, que M. Lefils transporte à Herluin ce que Malbrancq a dit d'Helgaud. L'erreur serait suffisante déjà, mais M. Lefils la double en transportant à Du Cange l'opinion de Malbrancq ; il la triple et quadruple, pourrait-on dire, en falsifiant du tout au tout le témoignage de Du Cange qui combat ce que Malbrancq avance, et cela même, non à l'article du comte Herluin, mais à l'article du comte Helgaud, comme nous l'avons montré. M. Lefils a inventé le carré des erreurs.

Ibid.— « Voici, d'après Richer, la liste des premiers comtes de Montreuil. » — Richer n'a pas fait de liste et ne fournit pas même les éléments d'une liste des comtes de Montreuil ; il y a mieux ; il ne s'est jamais servi de ce mot comte de Montreuil. S'agit-il d'Helgaud ou d'Herluin, les seuls de nos comtes qui figurent dans les évènements racontés par lui, il dit le comte Helgaud ou le comte Herluin, jamais le comte de Montreuil. La liste que M. Lefils copie, ou à peu près, a été dressée par M. J. Guadet, traducteur de Richer, non d'après Richer, mais d'après l'*Art de vérifier les dates.*

Page 50.— « Les Normands vainqueurs s'emparèrent de Boulogne qu'ils mirent à feu et à sang. » Et M. Lefils renvoie à Guillaume de Jumièges, *Coll. Guizot*, t. XXIV, p. 75. Je ne sais où M. Lefils a pris le fait, mais la citation est inexacte, Guillaume de Jumièges n'a rien dit de cela.

Page 51.— « Helgaud, dit Flodoard, attaque avec fureur, escalade les murs (du château d'Eu), incendie les édifices, etc. » — Flodoard ne parle pas d'Helgaud.—Voyez Flodoard, *Coll. Guizot*, t. vi, p. 86.

Une remarque est à faire ici peut-être. M. Lefils, qui cite de confiance lorsqu'il s'agit de Malbrancq ou d'Hennebert ou lorsqu'il assoie lui-même des villes comme *Braium*, prend des formes dubitatives lorsqu'il cite des auteurs presque contemporains des faits : « S'il faut en croire la relation de Richer, » dit-il (p. 52), à l'occasion d'un autre évènement.

La manière dont M. Lefils s'est servi de Richer nous fournira, d'ailleurs, quelques observations à noter ; ainsi :

Page 54.— « Acquérir le bien des autres, etc. ; » et « ils s'envoyèrent réciproquement des députés, etc. » Au milieu de ces deux passages pris textuellement dans la traduction de M. Guadet, et qui vont de la page 13 à la page 17 du tome i (Paris, Renouard, 1845), M. Lefils intercale : « Les maux que causèrent ceux-ci (les Normands) déterminèrent les comtes de Montreuil, de Boulogne et les autres à se réconcilier ; » or, Richer ne mentionne dans cet intervalle ni le comte de Montreuil, ni le comte de Boulogne ; il dit seulement les princes, *principes tanta barbarorum ignominia confecti, de pace habenda per legatos inter sese admodum quærunt;* et il s'agit par cette paix d'étouffer non les querelles particulières qui pouvaient toujours subsister entre les princes, mais les divisions pour l'administration même du royaume pendant l'enfance du roi : *Nemo regis provectum, nemo regni tutelam quærebat.*

M. Lefils reproduit ensuite (de la page 55 à la page 59) la plupart du temps textuellement, mais quelquefois avec des abréviations, parfois avec quelques additions, la traduction faite par M. J. Guadet des chapitres xi, xii, xiii, xiv et xv de Richer, relatifs à la très-curieuse prise de Montreuil par Arnoul, à la rentrée d'Herluin par la force dans cette ville et à la bataille qui s'en suivit peu après dans la campagne voisine de Montreuil entre Herluin et les troupes d'Arnoul. M. Lefils eut pu nommer M. J. Guadet, auteur de la traduction dont il se sert, bien que M. Guadet, ayant fait la première traduction de Richer, ne courre aucun risque de contestation dans le mérite qui lui appartient, mais M. Lefils fait mieux ; lisant en note sous une page de la traduction de M. Guadet : « Ce récit est conforme à celui de Flodoard, » il applique à Richer lui-même un des procédés de la méthode signalée par nous et trouve plus savant de nommer en son lieu Flodoard; or, M. Lefils n'a pas lu Flodoard, car cet historien qui ne contredit en rien les évènements rapportés par Richer, n'en dit cependant que trois mots et ne donne presque rien des détails que M. Lefils prend évidemment dans la traduction de M. Guadet, ainsi que le complément de la note qui lui a signalé Flodoard : « Selon Guillaume de Jumiéges, etc. » Il est vrai, pour tout dire, qu'un peu plus bas M. Lefils place entre guillemets huit lignes qu'il rend à Richer.

Herluin seul dans tout cela n'a pas à se plaindre ; M. Lefils en fait de son autorité privée un paladin de la Jérusalem délivrée : « Ses soldats imitant son impétuosité, la défense faiblit et il pénètre dans la place, etc. »

Sans s'en douter, cependant, M. Lefils n'en a pas fini avec les évènements qu'il vient de rapporter ; les retrouvant de nouveau dans je ne sais quel écrivain, il les raconte de nouveau aussi, à la page 60, comme postérieurs de quelque temps, et, par un double emploi de copies, double ainsi, avec les mêmes circonstances, le nombre des prises de Montreuil dans la guerre d'Herluin contre Arnoul.

Page 61. — « Arnould, toujours indisposé contre Herluin, envoya une cohorte au-devant de lui. » Herluin revenait de Rouen, ce que ne dit pas M. Lefils, qui prend cependant ces détails dans Richer, p. 182, bien qu'il nomme, comme historien des faits, Flodoard avec une citation que lui fournit M. Guadet, (p. 183 du t. I de la traduct. de Richer, 1845).

Page 62. — « Le duc Hugues de France, regrettant de voir ces deux seigneurs en mésintelligence, etc. » — M. Lefils est trompé par les premiers mots du chapitre XXXIX de Richer qu'il consulte pour ce qui suit. Ce ne fut pas le duc Hugues, mais le roi qui réconcilia Arnoul et Erluin. Richer le dit expressément, et le duc même fut exclu de la conférence de réconciliation ; le roi avait réuni les principaux du royaume EXCEPTÉ LE DUC, *præcipuos præter ducem.* — Richer, liv. II, ch. XL. M. Guadet, p. 183.

Ibid. — « Voyant qu'Arnould refusait obstinément de rendre à Herluin son château de Montreuil. » Richer ne parle pas du château de Montreuil, mais seulement des choses enlevées à Herluin, *de recompensatione rerum ereptarum;* toutes les circonstances établissent que le château avait bien été repris et gardé par Herluin.

Les erreurs de M. Lefils sur les comtes ne s'arrêtent pas d'ailleurs aux mauvaises interprétations de Richer ou, pour mieux dire, au mauvais emploi de la traduction de M. Guadet ; les comtes successeurs d'Helgaud et d'Erluin (le dernier que nomme Richer) ne sont pas plus véridiquement traités que ceux-ci ; exemples :

Page 63. — « Ce prince (Roger), dit M. Lefils, fut continuellement en guerre avec le comte Arnould, qui vint l'assiéger dans son château de Montreuil, mais *il* (Roger suivant la grammaire) fut bientôt contraint de s'éloigner. Louis d'outre-mer se ligua avec *lui* (Roger encore suivant la grammaire), ainsi qu'Artold, archevêque de Reims, et grâce à ses forces réunies, la ville fut emportée. » Laissons de côté la grammaire et suivons la pensée de M. Lefils. Cette pensée est complètement opposée aux faits. Arnoul, nous dit Du Cange d'accord avec Flodoard, « ayant persuadé à Louis de déclarer la guerre à Roger, l'un et l'autre vinrent mettre le siège devant le château de Montreuil en l'an 947, où ayant perdu une partie de leurs troupes, et après avoir fait des efforts inutiles pour le prendre, ils furent enfin obligés de se retirer. » — Ainsi le château est pris suivant M. Lefils, il ne l'est pas suivant Du Cange qu'appuie Flodoard. « Son suzerain, Hugues-le-Grand, poursuit M. Lefils (disons de suite qu'il s'agit du suzerain Roger; l'esprit grammatical pourrait égarer le lecteur), son suzerain Hugues-le-Grand, duc de France, vint alors à *son secours*, mais réduit à *ses propres forces*, il ne tarda pas à perdre ses États. » On pourrait se demander d'abord comment Roger fut réduit à ses propres forces quand Hugues vint à son secours, à moins que M. Lefils n'entende par *alors* une époque antérieure, l'époque du siège, quand *la ville fut emportée*, auquel cas le secours de Hugues eut été bien peu efficace ; mais il y a mieux, et Du Cange expose bien différemment les faits : « L'année suivante (948) le comte Arnoul ayant détaché le comte de Paris de la protection du comte Roger, lui enleva à la fin le château de Montreuil et ensuite celui d'Amiens (949). » Je renonce à discuter le reste du paragraphe de M. Lefils; il est toujours difficile de le faire concorder avec Du Cange, surtout en ce point que Roger reprit enfin « une partie de ses États, *à l'exception toutefois du territoire d'Amiens et du château de Montreuil ;* » d'où M. Lefils tire cette conclusion que Guillaume Ier du nom, comte de Montreuil, n'était vraisemblablement pas issu de Roger ; circonstances et opinions que nous trouvons d'avance combattues ainsi par Du Cange : « Il est probable qu'ensuite (d'une trève ménagée par le roi) Roger rentra *en possession de tous ses biens*, d'autant qu'il est certain que ses successeurs en jouirent et non pas les comtes de Flandres ; » et un peu plus loin : « Guillaume paraît incontinent après Roger sans que les auteurs aient remarqué s'il fut son fils, ce qui est toutefois très-probable. » Je me borne ici à noter la divergence des affirmations.

Pas un comte n'échappe à ce renouvellement de l'histoire. A quelques mots que je n'examine pas sur Hugues Ier, M. Lefils ajoutera (p. 88) : « Hariulf dit que Hugues était le plus puissant des seigneurs de l'ancienne Morinie, qu'il attaqua les seigneurs ses voisins qui n'avaient pas de forteresses pour se défendre et s'empara ainsi de toute la province du Ponthieu. » Or, Hariulfe ne s'explique nullement dans les termes que M. Lefils lui prête. M. Lefils n'a-t-il pas quelque peu confondu, en outre, le comte Hugues et le duc Hugues de France ? —V. le *Chr. centul.*, liv. III, ch. XXVII.

M. Lefils racontera (p. 92) la campagne d'Enguerrand contre Beaudoin, comte de Boulogne, avec des détails de lieux qui n'appartiennent qu'à lui.

Parmi d'autres particularités sans preuves, il chargera (p. 93) Guy Ier d'idées ingénieuses, mais rapaces, dont rien n'autorise la supposition, pas même le naufrage fortuit et la détention très-légale d'Harold. « Guy Ier, dit M. Lefils, conservait une habitation en cette ville (Montreuil) où il allait *fréquemment* ; il en avait une autre au Gard-lès-Rue, et *l'on prétend* que, de ces points, il faisait surveiller les côtes de ces domaines et y *attirait* les navires pendant les mauvais temps, afin de jouir du droit de lagan. » Le comte Guy était un peu parent de l'ogre.

Page 97.— « Le comte Guy Ier reçut du roi l'ordre de surveiller cette infortunée princesse. » M. Lefils, qui en veut au comte Guy, devrait au moins dire où il a trouvé ce nouveau fait.

Page 98.—Exploits de Guy II avant son départ pour la Terre-Sainte. Je me bornerai à cette remarque que Du Cange ne rapporte rien de toutes ces prises de Montreuil et de tous ces assauts ; il ne mentionne qu'un siége d'Auxy, encore ne sait-il pas si Guy attaquait ou défendait la place, la seule preuve du siége étant une confirmation de biens à l'abbaye de Saint-Jean d'Amiens en 1144, « *Dum prædictus Guido apud Alsiacum obsidione detineretur....* tant y a, ajoute seulement Du Cange, que l'histoire ne remarque pas quel fut le démêlé qui donna sujet à ce siége. Cela justifie seulement que Guillaume de Tyr a eu raison de dire qu'il avait signalé sa valeur en diverses occasions avant qu'il entreprit le voyage de Terre-Sainte. »

Ainsi, maintes fois, M. Lefils redressera Du Cange, ou, s'il adopte son avis, il tranchera où le savant a hésité : « Hugues Ier, dira-t-il (p. 65), reçut le titre de comte de Ponthieu avec les terres qui en dépendaient, » quand Du Cange s'est contenté de dire : « Il y a lieu de croire que ce fut lui le premier qui prit le titre de comte de Ponthieu. »

Mais laissons les comtes pour saisir quelques autres remarques au hasard de la pagination.

Page 73. — « Marconne, près Paris. » J'avais cru jusqu'ici Marconne beaucoup plus près d'Hesdin ; mais M. Lefils, trouvant dans le livre de M. Louandre (t. II, p. 467) que les religieuses suivaient les règles du Val-de-Grâce de Paris, a pu être induit en erreur par cette circonstance.

M. Lefils s'arrête un peu plus loin sur Quentovic.

Page 80. — « On nommait Quentovic la *Massilia du Nord.* » Où M. Lefils a-t-il vu cela ?

Ibid. — « Le comte de Montreuil était chargé d'y faire exercer la police. » L'affirmation est un peu forte. Nous invoquerons encore ici le témoignage de l'historien de Quentowic et d'Étaples. « Gervold, nous dit M. Souquet sous la date de 788, est chargé par Charlemagne, pendant plusieurs années, de recevoir les droits sur les ports, dans les villes et principalement à Quentowic. » Et M. Souquet renvoie aux *Documenta Germanicæ hist.,* liv. II, p. 291, aux *Rerum Francorum script.,* liv. V, p. 315, à *Bollandus,* liv. XV, julii, p. 287, aux *Acta Sanctorum,* sec. II, p. 558. A ces autorités joignons, d'après M. Souquet encore, celle de Dom Grenier, qui dit, — paquet 19, art. 7, n° 152, p. 213, — que Gervold, qui était abbé de Fontenelle, fut chargé des affaires du royaume et recevait les droits dans les ports et dans les villes, et principalement à Quentovic.

La chronique de Fontenelle ajoute que les péages étaient si considérables à Quentovic que Gervold y faisait sa résidence ; plus anciennement un duc y avait demeuré ; jamais comte de Montreuil n'y fut chargé de la police. — Voyez M. Souquet, *Histoire de Quentowic.* M. Louandre, t. II, p. 352.

Voyez encore l'histoire de Grippon dans le livre des miracles de saint Wandrille, dont M. Souquet a donné un extrait dans la *Picardie*, mars 1861, p. 111.

Page 80 encore, car cette page est inépuisable.— « Son commerce avait lieu principalement avec la ville de Lincoln, en Angleterre, etc. » Où M. Lefils a-t-il vu que Quentovic fut en relations de commerce avec Lincoln? Cambden dit bien en effet,— et nous renverrons encore sur ce point à M. Souquet, *Picardie* de 1861, janvier, p. 19,— qu'en 1352 la ville de Lincoln, en Angleterre, *ab Eduardo in stapulam, quam vocant i. in lanarum, coriorum, plumbi*, etc., etc., *emporium constituta est;* mais si M. Lefils a puisé le renseignement dans Du Cange, il a fort mal traduit la pensée de l'auteur; il n'est nullement question dans le Mémoire Du Cange (bibliothèque impériale, supplément français, n° 1209) d'un commerce quelconque entre Lincoln et Quentovic. Du Cange a voulu simplement prouver par l'extrait de Cambden (l'érection de Lincoln en entrepôt), la synonymie des deux mots *stapula* et *emporium* qui se rencontrent justement dans cet extrait. L'histoire d'Étaples même n'a à recueillir dans le rapprochement de ces deux mots qu'une induction sur la parenté de la ville actuelle avec la ville où siégeait le *præfectus emporii*.—V. l'*Histoire chronologique de Quentowic et d'Étaples*, par M. Souquet, *Picardie* de 1861, janvier, p. 19, et mars, p. 115.—Ainsi trois erreurs sont superposées dans la traduction que M. Lefils croit donner de Cambden ou de l'interprétation qu'il fait du passage français de Du Cange. Premièrement, Cambden ne parle ni de Quentovic ni d'Étaples, mais d'un entrepôt *stapula* ou *emporium* établi à Lincoln; secondement, Du Cange ne fait qu'une dissertation sur le nom d'Étaples et sur les significations analogues de *stapula* et d'*emporium;* troisièmement, enfin, et je demande pardon de donner en dernier lieu cette remarque qui rend inutiles les deux autres, comment Quentovic, détruite en 888, eut-elle pu commercer avec Lincoln en 1352 et 1363.—Voyez, d'ailleurs, l'extrait textuel du mémoire français de Du Cange dans l'histoire de M. Souquet, extrait que l'on peut rapprocher pour plus d'explications du glossaire de Du Cange au mot *stapula*.

Le public notera que je ne suis pas un savant, que le premier venu pourra, en parcourant les livres de M. Lefils, faire à côté de mes remarques tout autant et plus de soulignements encore, et qu'un vrai savant ne laisserait pas subsister une seule ligne des pages où je ne reprends qu'un mot çà et là.

Page 81. — « Louis de Mille, comte de Flandres, vers le XIV° siècle, y établit aussi un entrepôt de toutes les marchandises de son pays. » Quel est ce Louis de Mille? Je connais Louis de Male..., et puis quelle est cette date vers le XIV° siècle? Je comprends qu'on livre parfois au lecteur une année approximative, mais les environs d'un siècle ! M. Lefils, ayant rencontré peut-être quelque note indéchiffrable, voudrait-il la mettre à l'abri des vérifications? Mais il y a mieux encore (c'est une formule qui revient souvent sous notre plume, car les erreurs de M. Lefils sont rarement simples). Louis de Male n'a aucunement établi un entrepôt à Étaples, ainsi que le prouve la suite même de la dissertation de Du Cange sur le mot *stapula*. « Gilles de Roye écrit que Louis de Male, comte de Flandres, *Brugis stapulam concessit omnium rerum quæ apud Slusam applicarentur ex quâcumque patriâ*, etc.; » et en marge Du Cange cite pour tout le passage les autorités suivantes: Henr. de Knyghton, l. 4. A. 1352, 1353. Kylian in etym. Boxhorm. in theatro. Holland. p. 100 Junius. Ægidius de Roya an. 1324.—Mss. de Du Cange, bibl. de l'Arsenal, *Histoire de France*, vol. 237.

Nous en sommes bien réduits à reconnaître que M. Lefils a confondu Bruges et Étaples dans la citation latine faite par Du Cange.

Page 81. — Comment le monastère de Saint-Josse aurait-il pu être construit « en 793 » sur les « ruines » de Quentovic, puisque M. Lefils lui-même (p. 79) cite l'ordonnance de Charles-le-Chauve de 864 sur la fabrication des monnaies à Quentovic et que cette ville ne fut toutà-fait détruite qu'en 888?

Ibid. — « La pêche se faisait en vue de la ville et du port par des bateaux à voiles. Le hareng y était très-abondant ainsi que les baleines. » Il s'agit bien cette fois, sous la plume de M. Lefils, de la ville et du port de Montreuil, or Montreuil n'a jamais pu être qu'un très-petit port auprès de Quentovic et d'Étaples. Il est probable qu'on abordait à Quentovic et qu'on gagnait Montreuil avec des gabarres ou bateaux plats. Mais laissons cela. M. Lefils s'imagine qu'on pêchait régulièrement la baleine dans les environs de Montreuil; il est dans l'erreur. Les chartes de l'abbaye de Saint-Josse (voir cette charte dans l'*Histoire des rues d'Étaples* de M. Souquet) disent bien que si un pêcheur prend une baleine elle appartient à l'abbé de Saint-Josse ; mais c'était un droit de lagan. Les baleines étaient quelquefois rencontrées en mer ou trouvées mortes sur la côte par des pêcheurs ; elles appartenaient alors au seigneur dont le territoire bordait la mer. Les traditions du vieux droit de lagan se sont conservées, mais avec quelques modifications, jusqu'à nos jours ; ainsi, maintenant encore, quand une baleine échoue, comme on l'a vu il y a quelques années à Berck et à Étaples, elle est considérée comme épave, et appartient par moitié à l'administration de la marine pour la caisse des Invalides et aux pêcheurs suivant la règle appliquée à tous les objets trouvés en mer. Quand le propriétaire de l'objet trouvé est connu, le partage est fait entre ce propriétaire et les sauveteurs ; la marine perd ses droits.

Page 82. — « Nous avons vu qu'au IX° siècle les Normands remontèrent la rivière avec leurs barques jusqu'à Helenum. » Je demande pardon pour mon ignorance, mais je n'ai vu cela nulle part.

Page 84. — « D'anciens titres établissent aussi qu'après la ruine de Quentovic, Montreuil eut une commune plus étendue. » D'anciens titres, cela ne suffit pas ; il faudrait spécifier, car enfin les lecteurs seraient fort excusables de ne pas connaître ces anciens titres.

Page 93. — « Philippe MOUSKE IN HENRICO. » Philippe Mouske est connu ; mais qu'est-ce que MOUSKE IN HENRICO ? Philippe Mouske a écrit en français ; M. Lefils n'a pu trouver cet IN HENRICO que dans quelque note marginale qu'il n'aura pas comprise.

Page 100. — « Quelques anciennes chartes nous apprennent qu'il y eut autrefois en ces lieux un château, bâti en l'an 1172, sur des terres qui appartenaient à l'abbaye de Saint-Josse, par Mathieu, comte de Boulogne, qui donna en échange ou par forme de cens, une rente de dix mille harengs à prendre à Boulogne ou à Calais. » La phrase qui précède cet extrait établit bien qu'il s'agit ici de Montreuil et par conséquent du château de Montreuil. Or, M. Lefils applique à ce château de Montreuil ce qui appartient au château d'Étaples. Mais ce n'est pas tout ; quelles sont ces anciennes chartes dont parle M. Lefils ? Je ne connais, pour ma part, que celle de Mathieu d'Alsace que rapporte en entier M. Souquet dans sa brochure sur *les Rues d'Étaples*, p. 28. Au lieu de s'appuyer sur « quelques anciennes chartes » non indiquées, M. Lefils eut pu mieux spécifier cette charte de Mathieu d'Alsace qu'il doit connaître puisqu'il cite ailleurs (p. 301 de l'histoire même de Montreuil), la brochure de M. Souquet, *les Rues d'Étaples*.

Page 108. — ... « S'ils étaient jugés *y doines et souffisans*... » M. Lefils semble savoir le vieux français comme le latin.

Page 177. — « Les comtes.... portèrent toutes leurs faveurs à Abbeville, ville nouvelle qu'ils avaient élevée au milieu de marais d'une approche difficile pour les ennemis. » Où M. Lefils a-t-il trouvé tous ces détails? qui lui a dit qu'Abbeville fut élevée par les comtes? où sont ses témoignages? quelles sont ses preuves?

Nous laissons tomber, en courant, bien des remarques secondaires, et les questions tranchées à la hâte. Quentovic était situé « sur la même rive » que Montreuil (p. 27), et les noms défigurés Hernold pour Gervold (p. 80), et ces impropriétés d'expression qui font jaillir du mot même une erreur, « les petits souverains de la Flandre, de Boulogne, de Ponthieu, de Hesdin, de Montreuil (p. 101); et cette affirmation que sans doute les Germains et les Francs, qui pénétrèrent les premiers dans le Ponthieu, avaient pris, des Grecs et des Romains, l'*usage de s'y partager les terres des peuples vaincus et de faire des indigènes leurs esclaves* (p. 123).

Et la théorie (p. 123 et 124) sur la formation des fiefs, les hommages-libres, les hommages-liges, les reliefs, les censives, etc.

Et cette remarque (p. 129) : « Bien que la ville de Montreuil ait été séparée par la charte de commune du comté de Ponthieu. »

Ainsi, partout où l'histoire circonspecte s'est arrêtée devant des suppositions vagues, M. Lefils affirme; partout où la légende s'est substituée aux faits positifs, M. Lefils s'attache à la légende; partout où il faut recourir aux sources primitives, M. Lefils prend ses citations dans les ouvrages de seconde main, en les défigurant; et quand même parfois il recourt aux sources primitives, aux autorités véritables, dans des traductions qu'il ne nomme pas, il tronque ces autorités, transpose les témoignages (de Richer à Flodoard, par exemple) et a l'art d'en tirer une nouvelle suite d'erreurs (1).

---

(1) M. Lefils ne sait même pas quels sont les ouvrages écrits par les auteurs qu'il cite; ainsi :

Page 50, il cite Hennebert, auteur d'une histoire d'Artois, comme auteur du *Rerum gall. script.* Cela est incroyable, mais cela est.

Page 66, il nomme Du Cange comme auteur du *Spicilège* qu'il écrit *Spécilège*;

Il fallait montrer ce que M. Lefils peut faire lorsqu'il ne copie pas ses prédécesseurs ; l'avons nous fait ?

Nous avons atteint la moitié du volume ; arrêtons-nous et voyons maintenant comment M. Lefils, qui rejette sur la typographie les erreurs des textes cités par lui, comprend cependant le latin.

Nous avons déjà vu un peu plus haut comment M. Lefils a traduit *Brugis stapulam* par dépôt de marchandises à Étaples (p. 81) ; il adoptait à la page précédente (p. 80) pour traduction de *stapula* le mot *débarcadère*. Mais procédons rapidement dans l'ordre de la pagination.

Page 4. — M. Lefils parlant d'une bourgade portant, selon lui (je n'entre pas dans la discussion du fond), le nom de *Bray*, *brayum*, avance que ce nom vient d'un mot celtique bray, *boue*, *marais*; et, à l'appui de cette opinion, il cite en note un long extrait latin qui tend à établir que le mot *bragum* ou *bracum* vient d'un nom de chien : *Quod a cane venatico, id est a* BRACCO, *in veteribus Frisiorum legibus usurpato, germanice* BRACHEN, *nostris* BRAQUE *dicto, deducendum videri potest*. Mais ce qui est mieux, c'est qu'à la page suivante M. Lefils, qui n'a pas compris la citation faite par lui-même, avance à son tour pour la combattre cette étymologie du chien de chasse donnée, dit-il, par quelques savants. Comment explique-t-il aussi dans l'extrait rappelé plus haut : *In premis* AE RESBACE *monasterium* (Rebais) *libram unam et semis* ?

Page 29. — Cette ignorance du latin ne permet pas à M. Lefils de distinguer les vers de la prose ; aussi reproduit-il en trois lignes compactes les quatre vers suivants, sans se douter qu'il empâte dans la forme typographique vulgaire ces deux dystiques :

> Arma ferunt semper, bellis est sueta juventus,
> Bajulat hæc juvenis ; hoc agit arte senex
> Namque ipsum nomen francorum horresco recensens
> Francus habet nomen a feritate sua (1).

Le plus curieux est qu'il applique cette note qui ne regarde que ailleurs (p. 159), il attribue au même Du Cange des *Chroniques de Ponthieu*, ce qui est plus excusable, eu égard à l'*Histoire des Comtes de Ponthieu*, mais ce qui n'est pas strictement vrai cependant quant au titre donné par le savant lui-même à ses travaux.

(1) Je n'ai point sous les yeux Ermold-le-Noir et je ne peux que découper les vers sur le texte que me fournit M. Lefils, mais sans vérification de ce texte.

les FRANCS aux HUNS qui, suivant lui, débarquèrent dans la baie de la Canche vers 641. Toute la science latine de M. Lefils arrive peut-être à traduire Franci par Huns, comme sa science historique à faire venir les Huns du Danemarck (1).

Page 40. — « *In Qeuntovico duobus*, ce qui fait voir, a dit Du Cange, en rapportant ce passage, que le mot Quentovicus s'entendait, non-seulement de la ville, mais d'un territoire à l'entour d'icelle. » La citation des deux mots latins est étrange ainsi faite, et donnerait Du Cange pour un faible compatriote de Lhomond. Du Cange, citant un diplôme de Charles-le-Chauve en faveur de l'abbaye de Saint-Riquier, en tire effectivement ces deux mots, mais avec quelques autres : *In Quentovico seticis duobus et in Mosultro mansum unum.*

Page 41. — Les deux notes de cette page sont évidemment mal copiées ; voici la première :

Grippo præfectus emporii Quentovici adspexit pharum suprá littus maris, antiquorum industriá adversum navigantium olim ibidem ædificatam.

Il est inutile de demander quel sens présente ce texte que M. Lefils a pris je ne sais où, mais certainement ailleurs que dans l'histoire (ou mieux le livre) des miracles de saint Wandrille, qui lui eut fourni :

Grippo præfectus videlicet emporii Quentovici......... aspexit præfatus dux pharum supra littus maris antiquorum industriá ad cursum navigantium olim ibidem ædificatum (2).

Ainsi, dans la courte citation tronquée par M. Lefils, nous trouvons

---

(1) M. Lefils a bien vite tranché d'ailleurs les questions de langue et de nationalité. Lisant quelque part (dans quelque extrait de Du Cange sans doute, bien qu'il ne le dise pas) que les *Osterlings* (Du Cange souligne lui-même le mot, *Notice sur Quentovic*) abordaient à Quentovic, M. Lefils jette, sans sourciller, entre parenthèse : « sans doute les Autrichiens. » Quoi de plus simple en effet. On parle beaucoup des Autrichiens à notre époque ; M. Lefils voit dans le passé des Autrichiens trafiquant par mer avec Quentovic, au IXe siècle !

(2) V. Bolland. t. v, de juillet. Du Cange aussi reproduit cet extrait dans son étude sur Quentovic. Bibl. de l'Arsenal ms. hist. de Fr., vol. 237. — Grippon, gouverneur (*sic* dans Du Cange) de Quentovic, avait été envoyé en ambassade vers le roi d'Angleterre. C'est au retour de ce voyage qu'attaqué par une tempête il aperçoit heureusement le phare élevé sur la côte. M. Souquet a traduit tout ce passage du livre des miracles de saint Wandrille, *Picardie* de 1861, p. 112.

adspexit pour *aspexit* (ce qui est peu important), *adversum* pour *ad cursum* et *œdificatam* pour *œdificatum*.

Je reproduirai seulement, sans commentaire, mais en soulignant quelques syllabes et en détachant les mots comme il les détache, la seconde note que M. Lefils défigure à la même page :

« In saxonica itinerario legimus Monstorlium esse locum sit*u*no in monte, et inde *iter* prœcipua, numerari munimenta, urbes que limitaneas. »

Page 43. — L'extrait dont M. Lefils prend ici la responsabilité est plus curieux :

« *Monasterium vel monasteriolum*, écrit Malbrancq, dit ainsi, soit pour mont royal, soit parce qu'un monstre n'ayant qu'un œil y avait tenu son repaire. » Et M. Lefils ajoute immédiatement : « Cette étymologie paraît rationelle au premier abord. »

Malbrancq, dont nous repoussons souvent l'autorité en histoire, savait trop bien le latin pour dire que *monasterium* ou *monasteriolum* signifiât mont royal ou repaire d'un monstre borgne. Nous n'avons pas besoin de défendre en cette circonstance le vieil historien de la Morinie.

Pages 54 et 55. — Glissons sur les négligences typographiques de la note (page 54) et sur le premier vers de Raoul Glaber (page 55). Quelques-unes de ces fautes peuvent être légères, mais elles jaillissent aux yeux, et M. Lefils aurait mauvaise grâce à accuser les compositeurs qu'il peut surveiller à toute heure lui-même.

Page 62. — Je retrouve dans cette page le substantif *manusipsius* et le prétérit *transmissit* déjà signalés dans la brochure contre laquelle M. Lefils se révolte.

Pages 66-67. — Comment M. Lefils expliquerait-il les trois premières lignes de la citation latine avec la ponctuation qu'il leur donne, et que signifie plus loin le mot *neminit ?*

Page 88. — *Nec tutas quisquam*.... Quel sens présenterait la phrase qui commence ainsi, si nous ne rétablissions nous-même *tutus*. — Nous avons déjà relevé ailleurs, dans la citation de la page suivante (89), *uncta* pour *cuncta*, *atrex* pour *atrox*, *arcebat* pour *parcebat*, *arunculum* pour *avunculum*.

Page 90. — Que veut dire cette phrase : « *Est homicidia infra patriam nec causa ultionis nec avaritiœ, nec latrocinando fiant !* »

Page 93.— Nous avons signalé déjà dans la citation de cette page le *ut normanniam peterat*.

Page 94.— Nous recommandons encore la note de cette page où brille entr'autres fautes l'accusatif *pontificum*.

Page 103.— « .... dans la maison de Pierre (*in domo Petrina*) d'un bourgeois nommé Wasselin.... » M. Lefils ne s'aperçoit pas que ces mots, *in domo petrina*, opposés à ceux qui suivent, *in domo lignea*, signifient bien clairement : dans la maison bâtie en pierres, et il corrige le texte que lui fournit M. Bouthors, en le décorant des majuscules caractéristiques de noms propres, Pierre, Petrina.

Je dois rectifier, en finissant, une erreur de ma première brochure relativement à la citation : *Ad Rhotomo Porto et Wicus Porto*. Le latin est assez baroque, même pour du latin du neuvième siècle, mais la citation de M. Lefils (p. 38) était exacte.

Cent trois pages seulement nous ont fourni ces remarques ; plus de la moitié des citations latines, rencontrées par nous, sont fausses ; la proportion est la même, sinon plus significative, dans les autres livres de M. Lefils.

Ainsi, pleins d'erreurs pour les foyers rustiques, ces livres n'offrent que mystifications aux lecteurs érudits.

Les remarques sur le latin de M. Lefils ont une double raison d'être ici ; comme dans ma première brochure, elles viennent indirectement appuyer ma thèse sur le système historique de M. Lefils ; elles établissent, de plus, que je n'ai pas dans cette brochure calomnié la science de l'auteur des histoires de Rue, du Crotoy et de Montreuil.

Une considération me console de cette discussion, c'est l'espoir d'être utile par quelques points de critique aux historiens futurs de la ville de Montreuil ; c'est l'espoir, plus prochainement réalisable peut-être, d'amener, par ces remarques et par celles qui vont suivre, M. Lefils à plus de soins et de scrupules scientifiques et d'avoir à reconnaître enfin une bonne œuvre dans l'*Histoire de Saint-Riquier* à laquelle il annonce travailler.

II

EMPRUNTS TEXTUELS NON DÉCLARÉS.

Je pourrais d'abord renvoyer aux remarques numérotées dans ma première brochure I, VII, XXVII, XXIX, XXXIV, XXXV, XLIV, XLV, LV, LVI, LVIII, LIX, LXI, LXIV, LXX, LXXIII, LXXXIX, XCIII, XCIV, XCVI, XCVII, C, CII, pour l'histoire de Rue, et III, IV, VII, XIV, XXX, XXXVIII, XLI, XLIII, pour l'histoire du Crotoy, remarques auxquelles M. Lefils n'a pas répondu ; mais je ne veux, comme je l'ai dit, prendre mes preuves que dans l'histoire de Montreuil.

M. Lefils ayant une manière, non de discuter, mais de nier qui ne tient aucun compte des faits établis, qui se refuse à l'évidence des preuves données, force est bien de lui poser les points sur les I et de l'enfermer devant les lecteurs, nos juges, comme dans le cercle d'un interrogatoire sans autre issue que le Oui ou le Non.

M. Lefils.	M. Louandre.
Page 65.— « Hugues Ier, qui succéda à son père, Hilduin, soutint les prétentions de Hugues-Capet à la couronne de France; il les favorisa de ses armes et reçut, pour prix de son dévouement à la cause de ce prince, la main de Giselle, la troisième de ses filles. »	*Tome Ier, p.* 112.— « Hugues Ier, fils et successeur d'Hilduin, soutint les prétentions de Hugues-Capet à la couronne, les favorisa par ses armes et reçut le prix de son dévouement à la cause de ce prince en obtenant la main de Giselle, sa troisième fille. »

Si le lecteur ne trouve pas le passage de M. Lefils suffisamment accusateur, qu'il veuille bien passer outre et faire les comparaisons que je lui faciliterai moi-même matériellement quand les passages empruntés ne seront pas trop longs.

M. Lefils.	M. Louandre.
Page 95.	*Tome Ier, p.* 118.

La tapisserie de Bayeux, longue note entièrement copiée dans l'histoire de M. Louandre. C'est toute une grande page, en texte très-fin, de cette histoire. Pas la moindre mention faite du nom de M. Louandre par M. Lefils.

M. LEFILS.	M. LOUANDRE.
Pages 106, 107, 108, 109.	*Tome II, p.* 258, 259, 260, 261.

Je pourrais mettre en regard les quatre pages de M. Lefils et les quatre pages de M. Louandre ; elles sont identiques depuis ces mots : *les élections municipales*, jusqu'à ceux-ci: *par une ordonnance de Charles VII.* Et M. Lefils renvoie au *livre de la Fourme ordinaire que ont fait tenir et maintenir messeigneurs les maire et échevins de la ville de Montreuil, l'an* 1485. J'ai déjà raconté l'histoire de cet emprunt levé sur M. Louandre ; elle est assez caractéristique pour qu'on s'y arrête de nouveau. Le livre *de la Fourme*, manuscrit en parchemin, unique, est entre les mains de M. Ch. Henneguier, de Montreuil ; il est rédigé en très-vieux langage ; M. Henneguier en envoya autrefois un extrait textuel dans la langue du temps à M. Louandre, qui traduisit cet extrait en français moderne, et c'est la traduction de M. Louandre que M. Lefils donne naïvement comme l'extrait fait par lui-même dans le livre *de la Fourme*. M. Henneguier ne possédait que les deux tiers du ms. quand il en envoya un extrait à M. Louandre ; il a retrouvé, depuis, le dernier tiers dans le grenier d'un boulanger, et aujourd'hui une seule page fait encore défaut au livre.

L'emprunt textuel fait ici par M. Lefils a QUATRE pages ; on voit dans quelles conditions. Ma première brochure provoquée par les dénégations catégoriques de M. Lefils calomniait-elle donc tant ses procédés d'histoire?

Page 104.— « M. Louandre, en rapportant cette citation (quelques mots sur la charte de Montreuil), en conclut que les habitants de Montreuil durent conquérir leurs droits au prix du sang, et que ce fut après avoir combattu longtemps pour leurs franchises qu'ils obtinrent la charte qui leur fut octroyée en 1188. Cette charte ne donne aucun renseignement sur la constitution de cette commune. »

Deux observations sont à faire sur ce passage ; d'abord M. Louandre n'a pas *rapporté* « la citation » que guillemète M. Lefils. (Voyez *Hist. d'Abbeville*, t. 1er, p. 178). L'analyse de M. Louandre, qui n'est aucunement la copie de « cette citation, » a pour autorité le tome XI des Ordonnances (p. 252); ensuite M. Louandre n'a conclu en rien de l'analyse faite par lui que *les habitants de Montreuil durent conquérir leurs droits au prix du sang, et que ce fut après avoir combattu longtemps pour leurs franchises qu'ils obtinrent la charte qui leur fut octroyée en* 1188; M. Louandre dit simplement: « Cette charte de 1188, qui est le plus ancien monument de l'histoire municipale de Montreuil, *ne donne aucun renseignement sur la constitution de cette commune* (mots copiés par M. Lefils), et il ajoute de suite, comme pour renier toute hardiesse d'interprétation : *Quels sont les forfaits dont le roi accorde le pardon? On l'ignore également.* » Ainsi pas un mot de la conquête au prix du sang; pas un mot des combats pour les franchises. M. Lefils, qui a mis sous la plume de M. Louandre une citation qui n'appartient pas à M. Louandre, fait maintenant dire à M. Louandre ce que M. Louandre n'a pas dit et plutôt le contraire de ce qu'il a dit. Il y a donc dans le court passage de M. Lefils une double falsification, que quelques mots empruntés textuellement à M. Louandre rendent plus répréhensible encore (1).

La complication des moyens de la méthode est telle ici que, dans notre embarras, nous avons rangé ce passage sous le titre des emprunts textuels non déclarés, bien qu'il soit loin d'être textuel pour le tout et bien que le nom de M. Louandre soit tombé sous la plume de M. Lefils; ce n'est pas une question, mais quatre qu'il faudrait dresser sur ce passage.

M. LEFILS.	M. LOUANDRE.
Page 112.— « Les officiers municipaux avaient, en vertu de leur loi, toute justice civile et criminelle dans la ville et dans la banlieue, et lorsqu'il y avait une	Tome II, p. 298. — « ..... Les officiers municipaux avaient, en vertu de leur loi, toute justice civile et criminelle dans la ville et dans la banlieue, et, comme à

(1) M. Lefils ne pourrait en rien s'autoriser de l'*Essai sur le mouvement communal dans le comté de Ponthieu*, par M. Ch. Louandre, fils de l'historien d'Abbeville, et M. Ch. Labitte. Dans cette très-estimable œuvre de jeunesse les deux écrivains s'aventurent un peu plus que l'historien d'Abbeville sur la pente des premières opinions de M. A. Thierry, mais ne vont pas jusqu'à inventer de longs combats pour l'obtention des franchises. M. Lefils, qui travaille avec l'histoire de M. Louandre sous les yeux, ainsi que le prouvent les mots textuellement copiés par lui, ne trouverait donc dans l'*Essai sur le mouvement communal* aucune excuse pour attribuer à l'historien d'Abbeville l'opinion des deux jeunes gens, opinion que des termes prudents rendent d'ailleurs hésitante chez eux.

M. LEFILS.	M. LOUANDRE.
exécution, ils faisaient sonner les cloches pour que le peuple pût y assister. Cependant le roi d'Angleterre, comme comte de Ponthieu, prétendait avoir la connaissance des cas criminels, surtout de ceux commis contre ses gens. Le roi de France, par charte du 8 octobre 1286, déclare que la juridiction de cette commune appartient à lui seul roi de France. »	Abbeville, lorsqu'il y avait une exécution, ils faisaient sonner les cloches pour que le peuple pût y assister. Cependant le roi d'Angleterre, comme comte de Ponthieu, prétendait avoir la connaissance des cas criminels, surtout de ceux commis contre ses gens dans la commune de Montreuil. Le roi de France, par charte du 8 octobre 1286, déclare que la juridiction de cette commune appartient à lui seul roi de France. »

Ainsi encore, à l'exception de six ou sept mots retranchés, les deux textes sont exactement semblables. M. Lefils a-t-il bien encore ici copié M. Louandre? L'a-t-il nommé? Où donc est la calomnie de la première brochure que M. Lefils m'a forcé, je le répète, à écrire sur ses emprunts?

Dans l'exposition même des faits plus généraux de l'histoire, M. Lefils reste çà et là fidèle au texte de M. Louandre qui le guide, mais dont il a malheureusement l'art de s'écarter encore trop souvent.

M. LEFILS.	M. LOUANDRE.
Page 169.—« Philippe-le-Bon... se ligua aussitôt avec la reine de France, Isabeau, contre le Dauphin, et, sans égards pour les droits de ce jeune prince, reconnut Henri V, roi d'Angleterre, pour régent et héritier de la couronne de France. »	*Tome Ier, p.* 329.—« Philippe-le-Bon... s'allia aussitôt avec la reine de France contre le Dauphin, et, sans égard pour les droits de ce jeune prince, reconnut Henri V, roi d'Angleterre, pour régent et héritier de la couronne de France. »

Le passage est court, mais c'est un des tissus secrets du livre de M. Lefils qui se découvre.

M. LEFILS.	M. LOUANDRE.
Page 173.— « Le duc de Bourgogne, revenant à des sentiments	*Tome Ier, p.* 355.— « Philippe-le-Bon, revenu à des sentiments

plus généreux, se détacha de ses anciens alliés les Anglais et fit la paix avec Charles VIII. »

plus généreux, se détacha enfin de ses anciens alliés les Anglais et fit la paix avec Charles VII. »

La plus grande différence dans ce dernier passage est que M. Lefils écrit Charles VIII où M. Louandre dit Charles VII.

M. LEFILS.

Page 213. — « Les coutumes particulières de la prévôté de Montreuil fixent les sommes dues au seigneur en certains cas, les obligations des vassaux et divers points de jurisprudence féodale sans intérêt. Elles règlent la voirie, les successions des bâtards, les dons entre vifs ou par testament, quelques dispositions du droit civil, et prononcent la confiscation pour les crimes d'hérésie et de lèze-majesté. »

M. LOUANDRE.

Tome I*er*, p. 449 — « Les coutumes particulières de la prévôté de Montreuil fixent les sommes dues au seigneur en certains cas, les obligations des vassaux et divers points de jurisprudence féodale sans intérêt. Elles règlent, en outre, la voirie, les successions des bâtards, les dons entre vifs et par testament, quelques dispositions de droit civil, et prononcent la confiscation pour les crimes d'hérésie et de lèze-majesté. »

La preuve d'un emprunt est-elle encore ici visible? M. Lefils a-t-il eu la précaution de nommer M. Louandre? Ma première brochure, provoquée par M. Lefils, a-t-elle calomnié M. Lefils?

M. LEFILS.

Page 213. — « Le propriétaire d'un fief sis à Montreuil et tenu du seigneur de Maintenay, avait le droit de prendre le *hanap*, c'est-à-dire la coupe où buvait l'abbé de Saint-Saulve le jour de son élection. Il avait en outre la tenderie aux oiseaux sur tout son fief, les fruits d'un arbre à son choix dans le jardin de saint Josse et la dépouille d'un pommier au jour de saint Josse dans les mêmes jardins. »

M. LOUANDRE.

Tome I*er*, p. 410. — « Le propriétaire d'un fief sis à Montreuil et tenu du seigneur de Maintenay, avait le droit de prendre le *hanap*, c'est-à-dire la coupe où buvait l'abbé de St-Saulve de Montreuil le jour de son élection. Il avait en outre la tenderie des oiseaux sur tout son fief, les fruits d'un arbre à son choix dans les jardins de saint Josse, et la dépouille d'un pommier au jour de saint Josse dans les mêmes jardins. »

Toujours la même remarque. M. Lefils a-t-il évidemment copié M. Louandre? Ma brochure a-t-elle calomnié M. Lefils?

Cette manière d'écrire l'histoire n'est-elle pas toujours de la contrefaçon?

Mais la méthode est ici par trop primitive; nous allons la voir arriver à plus de raffinements, à plus de maladresse peut-être.

III

EMPRUNTS CHEZ DIFFÉRENTS AUTEURS SANS MENTION DE CES AUTEURS, MAIS AVEC RENVOI AUX SOURCES ORIGINALES INDIQUÉES PAR CES AUTEURS.

Je pourrais renvoyer encore dans ma première brochure aux remarques numérotées VII, XVII, XXIII, XXVI, XXVIII, XXXVII, XXXVIII, XL, XLVIII, LX, LXII, LXIII, LXXII, LXXIX, LXXXI, XCII, XCVIII, XCIX, pour l'histoire de Rue, et I, II, XV, XVI, XXV, XXX, XXXIV, XXXVII, XLIII, pour l'histoire du Crotoy, remarques toujours intactes, mais je ne veux pas sortir de l'histoire de Montreuil.

Pages 31-32. — Nous découvrons dans ces pages cinq *emprunts* successifs et textuels faits par M. Lefils à M. de la Fons de Mélicocq qu'il ne nomme pas une seule fois. Les documents que découpe M. Lefils étaient restés inédits jusqu'au jour où M. de Mélicocq les publia dans la *Picardie* (mai 1857). Heureusement les maladresses du copiste permettent toujours de constater le flagrant délit. M. de Mélicocq avait écrit : « Saint Josse demenant vie solitaire en ung lieu assez biel et plaisant, ouquel le duc (de Ponthieu) lui fist faire I moustier, etc. » M. Lefils, qui copie le passage, ne s'aperçoit pas que la qualification (de Ponthieu) a été ajoutée par M. de Mélicocq pour la clarté du texte et supprime bonnement les parenthèses. Ce n'est pas tout; si M. Lefils eut fouillé lui-même les manuscrits de la bibliothèque de Lille, qu'il se plaît à citer isolément, il eut peut-être donné des paginations exactes sous des extraits faits par lui, mais il prend ces extraits dans la publication de M. de Mélicocq, et trouvant dans cette publication, pour le passage cité plus haut, par exemple, l'indication ms, n° 16, fol. IIᵉ xxxv_vᵒ, il lit, comprend et écrit n° 16, fol°. 11, p. 35 (folio 11, p. 35!) Or, et c'est pour M. Lefils seulement que je fais cette remarque, l'indication fol. IIᵒ xxxv^rᵒ, signifie folio deux cent trente-cinq verso. Comprendrait-on, d'ailleurs, un folio distinct de la page? M. Lefils ne pourrait se retrancher ici derrière un *lapsus calami* ou une faute de ses compositeurs, car l'erreur se reproduit trois fois, coup sur coup, dans les quatre autres emprunts qu'il fait à M. de Mélicocq sans le nommer. Ainsi « par la saincteté de lui, les bestes », etc. M. de Mélicocq ayant écrit : fol. IIᵉ xxxv^rᵒ, M. Lefils écrit encore en toutes lettres : folio 11, page 35 ; et plus bas, quand l'extrait rappelle la croissance posthume des ongles de saint Josse, M. de Mélicocq ayant écrit : fol. IIᵉ xxxvIII_rᵒ, M. Lefils se contente d'écrire plus abréviativement fol. 38. M. Lefils a trouvé plus simple encore de prendre sans indication aucune l'extrait qui regarde la Fontaine aux chiens. Il n'est point nécessaire de dire que ces reproductions, présentées comme le fruit de recherches personnelles, ne portent pour toute marque particulière de la main qui les donne, que l'inexactitude et l'incorrection ordinaires de M. Lefils (1).

M. Lefils ne semble pas même comprendre les titres des ouvrages auxquels il fait des emprunts par-dessus l'épaule de quelques écrivains intermédiaires quand ces titres sont en latin ; ainsi, p. 50, il écrira en note : *Ber. gal.*, t. vIII, etc., et p. 51 : *Script. rev. Gallic* et Franciæ, t. IX, etc.

M. LEFILS.	DEVÉRITÉ.
Page 83.— « Malbrancq dit que les marais (*sic*) inondaient le marais de Bach-Atin où il avait existé un port *portus insignis* et que de là la rivière traversait par un canal la terre de Quentovic, puis passait *près de la forêt d'Étaples,*	Tome Iᵉʳ, p. 9.— « Le marais vers la Canche, nommé Bacq-Atin, était un port remarquable *portus insignis*. Il y avoit de là un canal, qui, passant par Quentovick, ou *près de la forêt d'Étaples,* et s'élargissant insensiblement, con-

(1) Si M. Lefils enfin tenait à donner sur saint Josse quelques détails moins communs que d'autres, que ne renvoyait-il au tome xII, p. 219 de la *Revue universelle des arts*, dans laquelle M. de Mélicocq a publié quelques fragments d'un ms. renfermant la vie de saint Josse, traduite en 1449 par Jehan Miclot (n° 420 de la bibliothèque de Valenciennes) ?

et, s'élargissant insensiblement, se perdait à la mer formant à la marée haute un chenal profond qui conduisait les navires jusques sous les murs et les tours de Montreuil. » duisait les vaisseaux avec sécurit jusqu'aux murs de Montreuil. »

Nous n'adoptons ni l'une ni l'autre des versions mises ici en regard, mais les seuls mots soulignés par nous *près de la forêt d'Étaples* suffiraient à trahir la traduction première de Devérité dans celle de M. Lefils, car il n'est nullement question de la forêt d'Étaples dans le texte de Malbrancq : *Insigne porro fuit illic navale, quod ad Quentavicum seu Stapulas ad leucam se aperiens sensim in angustiora desinebat et navibus ad Monstrolium jam mœnitum securius præbebat perfugium.* M. Lefils nomme cependant Malbrancq, t. II, p. 264, et ne nomme pas Devérité qui renvoie aussi à Malbrancq, t. II, p. 264.

Dans la page suivante, M. Lefils copie Devérité et renvoie à Dumoulin (que cite comme autorité Devérité) et cela sans nommer le moins du monde Devérité, de sorte qu'il attribue à Dumoulin lui-même les réflexions de Devérité sur notre P. Ignace, s'il ne s'approprie ces réflexions.

M. LEFILS.	DEVÉRITÉ.
Page 97.— « Dumoulin raconte une anecdote dans laquelle il parle d'un comte de Montreuil en rapport avec un comte de Ponthieu-Guillaume de Talvas, ce comte de Ponthieu, de Belesme et d'Alençon, tant estimé, dit le P. Ignace, historien d'Abbeville, par sa prudence et sa vertu. Ce seigneur qui venait de faire apporter dans la capitale du Ponthieu le corps de saint Vulfran, fondateur de l'abbaye de Presseigne et bienfaiteur de tant d'autres églises, fit un jour étrangler sa femme à Rouen, en présence	*Tome I*, p. 91.— « Guillaume de Talvas, ce comte de Ponthieu, de Belesme et d'Alençon, tant estimé, dit le P. Ignace, par sa prudence et sa vertu, ce seigneur qui venait de faire apporter à Abbeville le corps de saint Vulfran, ce fondateur en un mot de l'abbaye de Presseigne (qui le croirait et comment le dire), fit un jour étrangler sa femme à Rouen, en présence de tout le peuple. Il épousa peu de jours après la fille du vicomte de Beaumont ; le comte de Montreuil, son frère, fut

de tout le peuple ; il épousa quelques jours après la fille du comte de Beaumont. Le comte de Montreuil, son frère, fut invité aux noces qui se célébraient à Alençon. Après le dîner, Guillaume de Talvas ménage une partie de chasse pour laisser à des assassins le loisir favorable d'exécuter les ordres dont il les a chargés contre son frère; les bourreaux l'attirent dans le piége, lui crèvent les yeux, lui coupent le nez, les oreilles et ce que la décence défend de nommer. Ce comte de Montreuil, ainsi mutilé, est obligé de se faire moine à l'abbaye du Bec. »

invité aux noces qui se célébraient à Alençon. Après le dîner, Guillaume de Talvas, ménage une partie de chasse, pour laisser à des assassins le loisir favorable d'exécuter les ordres dont il les a chargés contre son frère. Ces bourreaux lui crèvent les yeux, lui coupent le nez, les oreilles et les parties que la décence défend de nommer. Ce comte de Montreuil, ainsi mutilé, est obligé de se faire moine à l'abbaye du Bec. »

Ainsi, dans le récit de cette anecdote, très-controuvée d'ailleurs, les seuls changements que M. Lefils apporte à la rédaction de Devérité sont la suppression ou substitution de quelques mots à peine et la transformation du vicomte de Beaumont en comte. Le renvoi à la page 132 de Dumoulin est plus exactement identique encore, s'il est possible, dans les deux écrivains (1).

Page 100. — « Quelques anciennes chartes, » etc. Si l'auteur de l'his-

---

(1) Je ne crois pas m'avancer trop en affirmant que M. Lefils n'a guère consulté Rumet que dans l'*Histoire du comté de Ponthieu* de Devérité. Quelques rapprochements peuvent établir le fait.

M. LEFILS.	DEVÉRITÉ.
Page 55. — « Aucun auteur n'a su nous dire positivement s'il y eut un comté de Montreuil. » (Suit, après quelques lignes sur Rumet, une citation qui se retrouve dans Devérité comme ci-contre). Et page 87 : « ... Mais, comme l'a dit Rumet, *on ne voit pas Montreuil* précisément *érigé en comté*. » était-il différent du comté de Ponthieu ? etc. (Suit une citation assez longue de Rumet dans laquelle M. Lefils coupe à son tour un extrait d'un bon nombre de	*Tome* Ier, introduct. p. XLIII. — « Les comtes de Ponthieu, du moins quelques-uns, se disaient aussi comte de Montreuil, et *on ne voit pas Montreuil érigé en comté*. M. Rumet, qui avait fait des recherches étonnantes et compulsé des titres sans nombre, se fait à lui-même cette question : « Le comté de Montreuil

toire de Montreuil en est aux chartes, pourquoi ne pas dire que celle de Mathieu d'Alsace est relative au château d'Étaples? Voir cette charte dans l'*Histoire du château d'Étaples* de M. G. Souquet, p. 6.

Dans le passage qui suit, l'emprunt est textuel et le renvoi est fautif; il y a cumul des procédés de la méthode étudiée ici par nous.

lignes, depuis les mots: « on ne voit aucuns domaines..., » jusqu'à ceux: « capitaines ou comtes de Montreuil. »

Et M. Lefils nomme Rumet, mais ne nomme pas Devérité, bien que les mots soulignés par nous appartiennent à ce dernier et non au premier.

Comparez d'ailleurs les citations dans le livre de M. Lefils et dans celui de Devérité. Remarquez que les unes ne débordent jamais hors des autres et que souvent elles commencent et s'arrêtent aux mêmes mots; ainsi:

M. LEFILS.	DEVÉRITÉ.
Page 86. — « Dès-lors, dit la chronique de Rumet, il (Hugues-Capet) fit mouvoir du château de Montreuil et non du comté les terres et seigneuries en la prévôté de Montreuil, comme étant du domaine de la couronne de France, ainsi qu'on le voit dans l'ancienne déclaration de l'étendue de cette prévôté. » Et M. Lefils renvoie, mais en note, à la *prévôté de Montreuil* « imprimée à Hesdin, en 1512, chez Jacquin. »	*Tome* Ier, introduct. p. XLIV. — « Dès-lors, il (Hugues-Capet) fit mouvoir du château de Montreuil et non du comté les terres et seigneuries sises en la prévôté de Montreuil étant du domaine de la couronne de France, comme on le voit dans l'ancienne déclaration de l'étendue de cette prévôté, imprimée à Hesdin, chez Jacquin, en 1512. »

Non-seulement ici Devérité n'est pas nommé, mais ce n'est plus même Rumet qui a consulté la déclaration imprimée chez Jacquin. Cette déclaration avait déjà été citée de même, d'ailleurs, à la page 66 du livre de M. Lefils, pour un fragment du même extrait.

M. LEFILS.	DEVÉRITÉ.
Page 75. — « Le grand nombre de corps saints étrangers, dit un chroniqueur du Ponthieu, qui sont d'abbaye de Saint-Saulve de Montreuil, » etc. (Suivent quatorze lignes empruntées au livre de Devérité.	*Tome* Ier, p. 55. — « Ce qu'il y a de plus singulier, dit un chroniqueur, c'est que ces princes féroces jouissaient des abbayes, etc... Peu après il ajoute le grand nombre de corps saints étrangers qui sont dans l'abbaye de Saint-Saulve de Montreuil, etc. »

Et M. Lefils ne nomme pas ce chroniqueur du Ponthieu, parce que Devérité ne l'a pas nommé avant lui, mais il ne nomme pas davantage Devérité. La citation faite par M. Lefils est d'ailleurs bien exactement conforme à celle que nous fournit Devérité.

Le nom de Devérité se trouve bien quelquefois sous la plume de M. Lefils, mais pour des notes manuscrites qui échappent à notre examen.

M. Lefils.	M. Louandre.
Page 109.— « La milice bourgeoise se divisait en sept *ghildes* ou *gueuldes*. Une huitième ghilde, dite des *portiers*, gardait le château, les portes et les tours de la ville, qu'elle ne quittait jamais, même lorsque la commune allait en guerre. Indépendamment de cette milice, commandée par des officiers nommés *prévôts*, et qui étaient élus annuellement le lendemain du renouvellement de la loi, il y avait à Montreuil une compagnie d'archers, dont l'origine remontait au IXe siècle. »	*Tome Ier, p.* 333.— « La milice bourgeoise de Montreuil se divisait au moyen-âge en sept ghildes ou gueuldes. Une huitième ghilde, dite des *portiers*, gardait le château, les portes et les tours de la ville, qu'elle ne quittait jamais, même lorsque la commune allait en guerre. Indépendamment de cette milice, commandée par des officiers nommés *prévôts*, et qui étaient élus annuellement le lendemain du renouvellement de la loi, il y avait à Montreuil une compagnie d'archers, dont l'origine, suivant D. Ducrocq, remontait au IXe siècle. »

Et M. Lefils renvoie sur les ghildes à M. Augustin Thierry : « Voir, dit-il, sur les gueuldes ou ghildes, M. Augustin Thierry, *Récits des temps mérovingiens*, introd. ch. v.— M. Louandre ne fait pas le même renvoi dans la page 333 copiée ici, mais parcourez l'extrait suivant, également emprunté à M. Louandre, et vous trouverez à la page 261 la même indication exactement : « *Voir sur les gueuldes*, etc. » Enfin tout le renvoi textuel de M. Lefils.

M. Lefils.	M. Louandre.
Page 110.— « Deux jours avant la fête de Saint-Simon-Saint-Jude, les sept gueuldes assemblées séparément nommaient chacune quatre électeurs. La section des portiers (nommés ainsi parce qu'en temps de danger la garde des portes de la ville leur était spécialement confiée) en choisissait neuf, et celle de Saint-Martin, de son	*Tome II, p.* 261.— « Deux jours avant la fête de Saint-Simon-Saint-Jude, les sept gueuldes assemblées séparément nommaient chacune quatre électeurs. La section des portiers (ici M. Lefils intercale dans son texte la note qu'il trouve au bas de la page de M. Louandre : on les appelait ainsi parce qu'en temps de danger la garde des

côté, deux autres, ce qui faisait trente-neuf. Ces trente-neuf électeurs nommaient, sous la foi du serment, douze échevins de probité et de réputation, et parmi eux le mayeur, un second mayeur, un troisième mayeur. Immédiatement après cette nomination, les trente-neuf électeurs choisissaient, pour compléter le corps municipal, douze conseillers qui devaient lui venir en aide et l'assister de leurs lumières et de leur coopération. »

portes de la ville leur était spécialement confiée) en choisissait neuf, et celle de Saint-Martin, de son côté, deux autres, ce qui faisait trente-neuf. Ces trente-neuf électeurs nommaient, sous la foi du serment, douze échevins de probité et de réputation, et parmi eux le mayeur, un second mayeur, un troisième mayeur. Immédiatement après cette nomination, les trente-neuf électeurs choisissaient, pour compléter le corps municipal, douze conseillers qui devaient lui venir en aide et l'assister de leurs lumières et de leur coopération. »

Qui croyez-vous que cite M. Lefils, après cette belle œuvre de ses ciseaux ? M. Louandre, non pas ; mais la note même qu'il trouve dans M. Louandre, c'est-à-dire l'indication du tome XIV, p. 178 des *Ordonnances*, s'imaginant sans doute que le résumé de M. Louandre était extrait textuellement des Ordonnances et qu'il pouvait à ce titre s'en emparer sans péril.

Il pourrait être assez difficile parfois de saisir le procédé, si la table analytique de M. Louandre ne mettait sur la voie ; ainsi :

M. LEFILS.

Page 114. — « Le seigneur vicomtier ne pouvait donner audience ni procéder à aucun acte s'il n'était assisté de son bailli ou de son lieutenant, de trois de ses hommes féodaux, de quatre échevins ou de trois juges. »

M. LOUANDRE.

Tome Ier, *p*. 426. — « Le seigneur vicomtier ne peut donner audience ni procéder à aucun acte de justice s'il n'est assisté de son bailli ou de son lieutenant, de trois de ses hommes féodaux, de quatre échevins ou de trois juges. »

Et M. Lefils ne renvoie ni à M. Louandre, ni même à l'article XXV de la coutume de Montreuil que lui cite M. Louandre, mais aux mss.

de dom Grenier 30ᵉ paquet, n° 4, 1286. Certes voici des indications bien développées, et on serait malvenu à croire que M. Lefils n'a pas feuilleté lui-même le n° 4 du 30ᵉ paquet de dom Grenier. Consultez cependant les tables analytiques de M. Louandre et recourez dans le tome II de l'*Histoire d'Abbeville*, p. 298, aux vicomtés de Montreuil et vous retrouverez-là tout au long les mêmes indications : mss. de dom Grenier 30ᵉ paquet, n° 4, 1286.

M. Lefils.	M. Louandre.
Page 117.— « Le suicide était rigoureusement *puni* sur le cadavre, qui était *puni*, ou brûlé, ou traîné sur la claie. En 1329, une femme s'étant tuée, son corps est apporté à l'échevinage, et *après l'avoir montré au peuple*, il est brûlé. »	Tome II, p. 282.— « On faisait en certains cas le procès aux cadavres; on les brûlait, on les pendait, on les traînait sur la claie. Ces exécutions posthumes étaient surtout réservées aux corps des suicidés. Une femme s'étant tuée à Montreuil, les officiers de cette ville la font apporter à l'échevinage et, après l'avoir montrée au peuple, ils ordonnent qu'elle sera brûlée. »

M. Lefils renvoie, comme M. Louandre, aux *Ordonnances*, t. V, p. 619. La page surtout est fort exactement rappelée. Le texte de M. Louandre a cette fois subi, je le reconnais, quelques changements; seulement M. Lefils est incorrect.

M. Lefils.	M. Louandre.
Page 103— « Cependant les *Mémoires de la Société des Antiquaires de Picardie* disent que, dès l'an 1144, les bourgeois de Montreuil étaient déjà gouvernés par un maire. »	Tome Iᵉʳ, p. 178.— « ..... Ils étaient à cette époque gouvernés par un maire. » Et M. Louandre renvoie aux « *Mémoires de la Société de Picardie*, t. II, p. 218. »

Nous laissons passer ou nous négligeons bien d'autres présomptions; ainsi M. Lefils (p. 103) et M. Louandre (t. I, p. 178) renvoient aux *Mémoires de la Société des Antiquaires de Picardie*. Rien ne prouve certainement que M. Lefils n'ait pas feuilleté la collection des

Mémoires de la Société, cependant le renvoi est fait exactement dans les mêmes termes, si ce n'est que M. Louandre donne la page 218 du tome II et M. Lefils la page 118.

<table>
<tr><td>M. Lefils.</td><td>M. Louandre.</td></tr>
<tr><td>Page 125.</td><td>Tome II, p. 401-402.</td></tr>
</table>

Les ressemblances, sinon la parité des deux textes, nous engageraient à mettre en regard ces pages des deux livres quand nous ne pourrions citer que la défense faite aux bouchers d'acheter des pourceaux chez les barbiers, les maréchaux et le bourreau, mais nous trouvons mieux un peu plus bas; c'est, après quelques mots qui établissent bien le maniement et le souvenir du livre de M. Louandre, tout un extrait textuel des statuts des barbiers de la ville de Montreuil qu'on peut voir exactement coupé aux mêmes mots dans le livre de M. Louandre et dans celui de M. Lefils.

<table>
<tr><td>M. Lefils.</td><td>Un livre inconnu.</td></tr>
</table>

Page 168. — M. Lefils nous donne ici, entre guillemets d'un bout à l'autre et par conséquent comme textuel, un passage de vingt-deux lignes qu'il attribue catégoriquement à Monstrelet : « Comme les habitants étaient indécis, dit Monstrelet, etc. » A qui M. Lefils a-t-il emprunté ce passage ? Je ne sais ; mais il ne l'a pu prendre, à coup sûr, que dans un ouvrage qu'il se garde bien encore de nommer et qui n'est certainement pas Monstrelet. D'abord, et cette première raison est péremptoire, le texte guillemeté par M. Lefils n'est pas de Monstrelet ; c'est une compilation de différents auteurs que M. Lefils n'a pas vérifiés. En faut-il d'autre preuve que les termes mêmes du renvoi aux sources ? M. Lefils nous cite les *Grandes chroniques de France, Monstrelet, t.* VIII, *p.* 59, de manière à faire comprendre que tout cela n'est qu'une même chose pour lui. Je ne sais quelle édition des Grandes chroniques a voulu citer le guide de M. Lefils ; cette vieille histoire a eu beaucoup de continuateurs et toutes les éditions ne s'arrêtent pas aux mêmes dates ; laissons ce point. Les indications tome VIII, page 59, nous ont fait découvrir qu'il s'agissait, dans cette seconde partie du renvoi, du tome XXXIIIe de la collection Buchon, qui est bien le VIIIe de Monstrelet *et des Continuateurs*. Seulement M. Lefils, donnant cette citation de confiance et sans vérification, n'a

pas su qu'il devait citer, non point Monstrelet, mais son continuateur Lefebvre de Saint-Remy ; si bien que cinq lignes plus loin, il cite le LXXVIIe chapitre de Lefebvre de Saint-Remy, sans se douter que ce même chapitre occupe la page 59 du VIIIe volume du Monstrelet de la collection Buchon. M. Lefils qui tenait à indiquer une source première eut pu être éclairé cependant sur les origines de son emprunt des vingt-deux lignes, par les lignes 13 à 17 de cette citation, lignes qui se trouvent textuellement reproduites en caractères italiques comme empruntées à Lefebvre de Saint-Remy, dans l'*Hist. de Ponthieu de Devérité*, t. 1er, p. 257, — V. les notes marginales de cet écrivain, p. 254 et 259, — mais, comme Devérité aussi, il eut dû voir dans ces lignes la réponse générale des villes de Picardie et non celle de Montreuil en particulier. Toujours est-il : 1° que le texte de Monstrelet ne contient pas un seul mot des vingt-deux lignes qui lui sont attribuées par M. Lefils ; 2° qu'on retrouve en partie ces lignes dans Lefebvre de Saint-Remy, dont le sens a cependant été corrompu ; et 3° et comme conclusion, que M. Lefils n'a lu, au moins en cet endroit, ni Monstrelet, ni Lefebvre de Saint-Remy, ni même Devérité, mais un auteur sans doute plus moderne, qui a arrangé à sa manière le texte de Saint-Remy.

Page 177. — « Rymer dit que leur principale résidence était à Abbeville... » Rymer n'a jamais raconté ; il ne rapporte que des actes. — Mais voici qui est mieux et qui établit, comme la lumière prouve le jour, que M. Lefils ne connaît même pas Rymer. Il cite à l'appui de l'affirmation prétendue de Rymer, *les titres de Picardie mss. histoire, bibl. de l'Arsenal, n° 332, f° 216* (pièces copiées par Du Cange, ce que M. Lefils ignore peut-être). Ainsi, tout d'abord et pour première erreur, M. Lefils donne *ingénuement* comme tiré de l'Arsenal ce qu'il prête à Rymer ; ce n'est pas tout, et ici le secret de M. Lefils sera trahi encore avec la plus parfaite ingénuité ; une seconde erreur liée à la première, la contre-partie en quelque sorte de cette erreur, nous démontrera toujours avec la même évidence le procédé suivi par l'auteur de l'histoire de Montreuil dans ses *recherches*. Veut-on savoir où il a trouvé la citation des *Titres de Picardie* et à quoi se rapporte cette citation attachée ainsi au nom de Rymer ? Qu'on ouvre l'histoire de M. Louandre, t. 1er, p. 369 ; on y lira tout un passage, emprunté d'ailleurs par M. Lefils (p. 178), et sous ce passage la désignation très-exacte des *Titres de Picardie*, de l'*Arsenal*, du n° et du f°. Conférez M. Lefils, p. 177 et 178, et M. Louandre, t. 1er, p. 369. Inutile de dire encore que M. Louandre n'est nullement nommé pour le passage qui lui est enlevé à cette page : « *Tant de gens morts et occhis, tant de filles pucelles et vierges violées, etc.*, passage que M. Lefils renvoie simplement à un *contemporain* des faits, se servant du mot même dont s'est servi M. Louandre. Cette histoire de Montreuil de M. Lefils, elle était complètement faite, sauf les erreurs, dans les deux volumes de M. Louandre. Voyez l'histoire de M. Louandre, table analytique du tome 1er, p. 472 et table analytique du tome II, p. 539.

Page 181. — « Montreuil qui nous appartient de notre domaine ancien, etc. » Il y a grande présomption encore que cet extrait des Ordonnances soit emprunté à M. Louandre (V. *Histoire d'Abbeville*, t. 1er, p. 369). La présomption sortira pour tous de l'indication même du tome des Ordonnances qui est fausse. M. Louandre avait donné le tome XVI, pages 108 et 234 ; M. Lefils nous donne le tome VI, pages 108 et 234. Il faut n'avoir jamais touché aux *Ordonnances des rois de France*, pour prendre le tome VI pour le tome XVI, l'ordre suivi dans cette collection étant chronologique.

Pages 198-199. — « Pélerinage de Charles-le-Téméraire à Saint-Josse. » M. Lefils qui donne à ce propos des extraits de la *Picardie* (n° de mai 1857, p. 204-5), se garde bien de nommer M. de la Fons auteur des recherches premières et à qui le document appartient de toute façon, par la découverte, par la production à la lumière et par les annotations. La faute serait à la rigueur atténuée sans doute si M. Lefils nommait au moins la *Picardie*, où M. de Mélicocq a signé, mais il renvoie aux *Archives du Nord* sur lesquelles nous nous expliquerons bientôt.

Page 200. — Encore un emprunt à M. de Mélicocq. — Voyez pour les XXIIIIe payés aux bateliers et aux *soyeurs d'aiz* la *Picardie* de 1857, p. 203. M. Lefils cite encore les *Archives du Nord*, mais se garde bien toujours de nommer M. de Mélicocq.

Ce qu'il y a de plus piquant ici, c'est que la source à laquelle M. Lefils renvoie est absolument fantastique.

Les Archives signalées par M. Lefils n'ont jamais existé, à moins qu'il ne veuille parler des *Archives historiques et littéraires du nord de la France et du midi de la Belgique* de M. A. Dinaux. Or, les documents mis à contribution par M. Lefils n'ont jamais été publiés dans ce recueil, et M. Lefils a dû évidemment recourir, comme je l'indique, à la *Picardie,* seule revue dans laquelle M. de Mélicocq les ait fait connaître. M. Lefils n'entendrait-il pas enfin par Archives du Nord un dépôt particulier visité par lui, comme la bibliothèque de Lille nommée plus haut à l'occasion d'autres extraits prélevés sur les publications de M. de la Fons Mélicocq.

Page 209.— « Le menestrel Gilbert de Montreuil. » Je serai sobre de remarques ; M. Louandre (*Histoire d'Abbeville,* t. Ier, p. 312) renvoie sur ce menestrel au *Journal des Savants,* juillet 1831, p. 385, et cette indication est aussi celle que donne M. Lefils.

M. LEFILS.	M. LOUANDRE.
Page 211.— « Dans ce siècle, en 1427, les coutumes de la prévôté de Montreuil furent révisées (ici une fort longue note que nous rencontrons dans le texte même de M. Louandre avec cette indication qui est bien celle aussi que donne M. Lefils sans une lettre de plus ni de moins : *British museum.* mss. Arundel, n° 12, in-f° parvo. XVe siècle, f° 9 à 15. Je me trompe M. Lefils a écrit Britisch pour British); le 20 septembre 1500 elles furent écrites, en présence des trois États, au château de cette ville, et publiées le 15 janvier 1509. Elles consacrent les dispositions fondamentales de la coutume générale de Ponthieu ; le droit d'ainesse et de masculinité ; mais ce droit n'a pas lieu pour toutes sortes de biens. Les héritages cottiers ou roturiers se partagent également entre les frères et sœurs, entre les neveux et	*Tome* Ier, p. 448.— « Les coutumes de la prévôté de Montreuil avaient été une première fois révisées en 1467, voici ce qu'on lit dans un manuscrit du *British museum* qui les renferme (suit l'extrait que M. Lefils a placé en note au bas de sa page et qui établit que la révision eut bien lieu en 1467 et non en 1427. La suite prouvera que cette date 1427 nous donne la plus sérieuse différence de rédaction dans les textes de l'histoire d'Abbeville et de l'histoire de Montreuil). Les coutumes de la prévôté de Montreuil furent écrites en présence des trois États, au château de cette ville, le 20 septembre 1500 et publiées le 15 janvier 1509. Elles consacrent les dispositions fondamentales de la coutume générale de Ponthieu, le droit d'ainesse et de masculinité ; mais ce droit n'a pas lieu pour toutes sortes

nièces. Les mêmes coutumes admettent la communauté conjugale, le retrait lignager et rejettent la représentation. Divers droits féodaux y sont aussi réglés, et on y voit qu'on peut donner au fils aîné, en avancement d'hoirie, ses héritages ou acquêts féodaux ou cottiers. »

de biens. Les héritages cottiers (roturiers) se partagent également entre les frères et sœurs, entre les neveux et nièces (art. XIII). Les mêmes coutumes admettent la communauté conjugale, le retrait lignager et rejettent la représentation. Divers droits féodaux y sont aussi réglés et on y voit qu'on peut donner au fils aîné, en avancement d'hoirie, ses héritages ou acquets féodaux ou cottiers. »

Dès les premiers mots, dès la première date, nous saisissons une erreur de copie de M. Lefils. M. Louandre écrit 1467; M. Lefils écrit 1427 et cite à l'appui de cette date l'extrait du mss. Arundel que lui fournit M. Louandre et qui justement donne l'année 1467 (l'an mil IIII° LXVII); il est vrai que M. Lefils transcrit toujours à sa manière et nous donne l'an III° LXVII, c'est-à-dire, non plus l'an 1467, ni même l'an 1367, mais l'AN TROISIÈME SOIXANTE-SEPT. Comprenne qui pourra! On remarquera d'ailleurs que l'extrait du mss. Arundel commence et finit exactement aux mêmes mots dans le livre de M. Lefils, que les mêmes abréviations, marquées par des points et strictement par le même nombre de points, se trouvent rigoureusement aux mêmes places des deux côtés, tout ce qui dénote enfin pour la seconde œuvre le travail des compositeurs sur un livre déjà imprimé, sauf cette malencontreuse maladresse de l'an TROISIÈME SOIXANTE-SEPT. L'extrait commence dans les deux livres par ces mots: « A tous ceulx qui ces présentes lettres verront, Anthoine, seigneur de Crèvecœur..... » et finissent ainsi: « Suivent soixante-neuf articles (*British museum*. Mss. Arundel, n° 12, in-f° parvo. XV° siècle, f° 9 à 15). » Quelle admirable identité dans les termes du renvoi! et cela fait seulement pour l'extrait du mss. Arundel, seize lignes de l'histoire in-8° de M. Louandre!

Dans cet extrait donc ou plutôt dans ces extraits, il y a cumul encore de l'emprunt textuel et du renvoi aux sources originales consultées par l'auteur mis à contribution.

Est-il nécessaire de répéter notre éternelle question? Nos réclamations ont-elles calomnié le procédé historique de M. Lefils? Certes, si j'avais usé, même avec des tempéraments, des mêmes méthodes de travail vis-à-vis des livres de M. Louandre ou de M. Darsy, il y a longtemps que j'aurais perdu le droit de recueillir les avis de M. Louandre, qui m'honore toujours de son amitié; il y a longtemps que M. Darsy, qui publia avant les miennes, ses études sur le canton de Gamaches, eut dû protester contre moi, car partout où il y a un droit à défendre ou à maintenir, un débat doit intervenir et il faut que la justice ait son jour. La question, pour l'honneur de la science, est plus haute alors que les questions mêmes d'érudition.

M. Lefils.	M. Louandre.
Page 249.— « .... Le premier dimanche d'Avent 1618, un moine de Saint-Josse, nommé dom François Boulanger, fut tué d'un coup de fusil par un autre religieux de cette abbaye, au moment où il priait, agenouillé devant l'autel. Le meurtrier ne fut pas arrêté, et l'on ajoute que la victime resta plusieurs heures à deux genoux, dans la position où elle avait reçu la mort. »	*Tome II, p.* 177.— « Le premier dimanche de l'Avent 1618, dom François Boulanger, religieux de Saint-Josse, fut tué d'un coup de fusil par un autre moine de ce couvent au moment où il priait, agenouillé devant l'autel. Le meurtrier ne fut pas arrêté et l'on ajoute que la victime resta plusieurs heures à deux genoux, dans la position où elle avait reçu la mort. »

Et M. Louandre cite comme autorité dom Grenier, dont il a quelque peu modifié la rédaction, surtout vers la fin du petit récit. Qui sera cependant nommé par M. Lefils, dont la plume a serré de si près celle de M. Louandre? Dom Grenier, d'après M. Louandre? Non point, mais dom Grenier tout seul.

Une remarque est à faire ici. M. Lefils si prodigue dans ses histoires de Rue et du Crotoy d'extraits de dom Grenier, quand ses ciseaux pouvaient les détacher de publications antérieures (1), ne

---

(1) Mes notices sur le canton de Rue furent publiées en 1854-1855 dans le *Pilote*, que dirigeait alors M. Jeunet, et parurent en volume en 1856. Ainsi tombe encore une des assertions de M. Lefils relative à la publication presque simultanée, suivant lui, de ses histoires (publiées en 1860) et de mes notices.

nomme que rarement l'inépuisable Bénédictin dans ce volume de Montreuil et seulement encore quand l'indication peut se retrouver, comme ici, dans quelque livre déjà entre les mains du public. M. Lefils ne trouverait-il dom Grenier *déchiffrable* (1), suivant son expression, que lorsque les larges et très-lisibles écritures du dix-huitième siècle qui composent la collection bénédictine ont déjà subi l'éclaircissement typographique? Cela expliquerait dans les livres de M. Lefils, où tant d'incorrections abondent d'ailleurs, le scrupule subit parfois des textes et des virgules qui met en si parfait accord certains de ses extraits avec ceux de ses prédécesseurs. M. Lefils eût pu cependant, s'il eût consulté lui-même la collection du Bénédictin, trouver d'importantes et curieuses données dans le vol. 46, paq. VII, art. 4 et dans le T. 211 top. (numérotement nouveau). Encore un mot; si M. Lefils soutient dom Grenier *indéchiffrable,* comment donc lit-il les vieux papiers qu'il assure avoir entre les mains?

Mais nous n'en avons pas fini avec les coïncidences remarquables de textes. M. Louandre avait analysé très-sommairement,— on sait combien d'heures on perd dans ces travaux d'analyse,— plusieurs colonnes des procès-verbaux des assemblées du clergé, relativement au tumulte soulevé, en 1634, à Montreuil contre l'évêque d'Amiens. Nous retrouvons le résumé de M. Louandre dans le livre de M. Lefils; nous le retrouvons parfois textuellement copié, le plus souvent assez maladroitement brodé. Voyons d'abord l'emprunt textuel ; nous rejeterons en note l'examen des amplifications.

M. Lefils.	M. Louandre.
Page 255.— « La sentence de condamnation portait, en outre, que la ville de Montreuil serait tenue d'assigner une rente pour la fondation d'une grand'messe tous les ans, le 7 juin, dans la cathédrale d'Amiens, en expiation, et que, pour conserver le souvenir de la satisfaction que l'église avait	*Tome II, p.* 182.— « La sentence de condamnation porte en outre que la ville de Montreuil sera tenue d'assigner une rente pour la fondation d'une grand'messe qui sera célébrée tous les ans, le 7 juin, dans la cathédrale d'Amiens, en expiation, et que, pour conserver le souvenir de la satisfaction que

(1) « Je répète que dom Grenier est indéchiffrable. » — M. Lefils, p. 22, de sa brochure les procédés de M. Prarond.

justement exigée d'elle, les magistrats municipaux de cette ville feraient placer, dans ladite cathédrale, un marbre où seraient gravées les lettres d'abolition, accordées par le roi aux habitants les plus coupables. Six d'entre ceux-ci, arrêtés et traduits depuis longtemps, etc. »	l'église a justement exigée d'elle, les magistrats municipaux de cette ville feront placer dans ladite cathédrale, un marbre où seront gravées les lettres d'abolition accordées par le roi aux habitants les plus coupables; car six d'entre eux, arrêtés et traduits depuis longtemps, etc. »

Suivent quelques différences entre les deux textes sur le nombre des condamnations. Est-il nécessaire de chercher où sont les erreurs (1) ? Ma brochure a-t-elle cependant calomnié le procédé his-

---

(1) M. Lefils ne nous donne que seize condamnations au bannissement, dont deux pour cinq ans et quatorze pour un an, chiffre inexact. Deux des coupables furent condamnés à cinq ans d'exil hors de la Picardie, quatre à trois ans et quinze à un an, en total vingt et un condamnés au bannissement, chiffre que nous donne M. Louandre (voyez entr'autres preuves les *Acta Monstrol. interd.*, p. 34). Ainsi M. Lefils retombe dans les erreurs qui sont la marque de son livre, dès qu'il quitte M. Louandre.

Il sera curieux, à ce point de vue, de suivre pas à pas M. Lefils, qui, lui-même, suit pas à pas M. Louandre, mais avec trop de crochets malheureusement.

Page 250. — « .... François Lefebvre de Caumartin, qui, cédant aux intercessions des habitants de Rue, leur promit de rendre à leur église les reliques de leur fondateur Wulphy, qui étaient restées à Montreuil depuis l'invasion des Normands. » Une erreur d'abord : Saint Vulphy ne fut pas fondateur, mais curé de Rue « *olim Ruensis parochi.* » (*Acta tumultus Monstroliensis*). Un point à discuter quelque peu ensuite; les reliques de saint Vulphy étaient-elles à Montreuil depuis l'invasion des Normands ? Pour ma part, je le crois; Malbrancq l'assure; le curé Bliez le répète, (*office de saint Vulphy*); mais il faudrait tenir compte aussi, au moins pour la combattre, de l'opinion de l'évêque d'Amiens lui-même, reproduite par M. Bracquehay. M. de Caumartin nous dit lui-même dans le récit des troubles : « *Rector parochialis Ecclesiæ, major, et scabini ejusdem oppidi, retulerunt abhinc cc. aut circiter annis cives suos belli necessitate coactos corpus sancti Vulphlagii confessoris.... apud Monstrolium, quo tutiori in loco ac presidio esset, deposuisse, hodieque in ipsius oppidi monasterio, quod sancti Salvii dicitur, sacrum pignus jacere;* » ou, si M. Lefils préfère les citations françaises : « Dans ces temps reculés où l'héritier du trône de saint Louis.... voyait son patrimoine réduit à la cité de Bourges.... les habitants de la ville de Rue, dans la crainte sans doute qu'ils ne devinssent le jouet de la profanation et des désordres que la guerre entraîne à sa suite, avaient déposé dans l'abbaye de Saint-Saulve les restes vénérés de saint Vulphy, leur premier pasteur. » - *L'Interdit*, chroni-

torique de M. Lefils? M. Lefils a-t-il bien, dans les lignes reproduites plus haut, évidemment copié une partie du résumé fait par M. Louandre? et à quel livre M. Lefils a-t-il renvoyé? A l'histoire de M.

que Montreuilloise.— Il serait curieux que M. Lefils n'eut pas lu M. Bracquehay, qu'il nomme cependant à la page 256 de son livre.

Ibid. – « Le peuple, témoin de ce qu'il considérait comme une violation, même de la part d'un évêque, commença à murmurer ; puis, l'orage grossissant, on demanda de quel droit on prétendait frustrer les fidèles de Montreuil d'une possession qui leur appartenait depuis de nombreuses années ; la réponse ayant paru les satisfaire, l'évêque s'occupa alors d'administrer le sacrement de confirmation, etc. » Phrases, mais phrases en désaccord avec le récit de M. de Caumartin lui-même; aucun orage grossissant ne retarda la confirmation, et les réclamations n'arrivèrent à M. de Caumartin qu'après cette cérémonie.

Page 251. – « Mais la populace ne voulut rien entendre; elle franchit la grille du chœur et se précipita sur le seigneur-évêque, dont elle déchira les habits pontificaux, etc. » La populace ne franchit pas la grille du chœur pour une bonne raison, c'est que M. de Caumartin n'était pas dans le chœur : il venait de rentrer dans la sacristie, *in sacrarium* (voyez plus loin) où il se dépouillait de ses vêtements pontificaux : « *Nec adhuc vestes pontificias nobis exuere prorsus licuerat, palliumque unà cum supparo et stola restabant.* » M. de Caumartin ne fit nullement valoir « la juste réclamation des habitants de Rue, dont le saint avait été curé et dont les restes avaient été confiés à Montreuil pour les mettre à l'abri des dévastations des Normands. » Il parla plus fièrement; il opposa aux mutins le droit des évêques : « *Jus et potestatem episcoporum in distribuendis reliquiis.* » Quand on met des paroles dans la bouche des évêques, comme dans celle des rois, – *Histoire de Rue*, p. 302,— comme dans celle des braves marins du Crotoy,— *Histoire du Crotoy*, p. 305,— il ne faut pas que ces paroles diminuent la dignité de l'évêque, la noblesse du roi ou celle du marin.

Page 252. – « .... Toute la population de Montreuil, loin de se calmer, se mit du parti des perturbateurs; toute la journée, la foule stationna devant la citadelle où le prélat avait trouvé un refuge, et des menaces de mort furent proférées ; il fallut qu'on fit partir l'évêque nuitamment par une porte secrète et déguisé. » Non, pour l'honneur des habitants de Montreuil, toute la population n'aida pas aux furieux et M. de Caumartin nous en est témoin lui-même ; il n'eut pu échapper, dit-il, à la rage du peuple : « *Nisi Deus affuisset et San-Mauricianus ac Mitto, aliique nonnulli primarii cives opitularentur, qui licet apud populum gratia et authoritate multum valeant, extremum tamen sibi vitæ discrimen intentari viderunt, dum cubiculi januam et nos a vi defendunt.* »

Nous comprenons que M. Lefils ne se soit pas expliqué ce passage, ni cet autre d'une requête des habitants de Montreuil dans laquelle les suppliants qualifient le crime de leur ville *immane facinus a nonnulis ejus oppidi civibus in te admissum, a quo cæteri tamen semper abhorruerunt,* mais il eut pu lire dans le livre de M. Bracquehay (que M. Bracquehay lui-même ne donnerait pas comme autorité, mais que M. Lefils ne peut récuser) : « Un peu moins de la cinquième partie de la population avait pris part à cette orgie populaire; le reste, frappé de terreur et

Louandre? En aucune façon et nulle part pour toute cette aventure de M. de Caumartin à Montreuil, bien qu'il ait suivi partout le récit de M. Louandre en le défigurant; M. Lefils a renvoyé, comme

d'indignation, était demeuré dans un morne silence et s'était contenté de gémir des excès, etc. » Il y eut mieux, M. de Caumartin nous l'a dit.

Dans tout le reste du passage de M. Lefils chaque mot couvre une erreur ; la foule ne stationna pas toute la journée devant la citadelle, parce que M. de Caumartin n'était pas dans la citadelle, mais dans la chambre du prieur du monastère et qu'il ne se retira à la citadelle que sous le soir : « *Tandem sub vesperam hora nona, prædicti San-Mauricianus et Millo, præsidio in aciem composito, collectisque hinc inde presbyteris nostris......, nos omnes ex eo cubiculo medio agmine acceptos in arcem deducunt.* » Des menaces de mort ne furent point proférées; le prélat qui ne dissimule aucun des affronts qu'il eut à subir ne dit plus rien dès cet instant ni de la foule ni des cris de la foule. Les avanies féroces de la populace de Montreuil s'attaquaient non à la vie de l'évêque, mais à sa volonté ; on voulait exercer sur lui une pression, comme on dirait dans le jargon moderne. L'exaspération des habitants de Montreuil s'explique, parce qu'en définitive l'évêque ne céda pas. Il ne partit pas nuitamment, ni par une porte secrète, ni déguisé; il se retira beaucoup plus honorablement et décemment au petit jour, sinon après le lever du soleil, non par une porte secrète et non déguisé, mais par une porte donnant sur la campagne (une poterne) et avec toute sa suite: « *Ibi postquam pernoctavimus, postridie cuncti per posticum egredimur.* » M. Bracquehay, p. 43, eut pu apprendre aussi à M. Lefils que M. de Caumartin ne quitta la citadelle qu'après s'y être reposé une nuit.

« Chose étonnante, ces gens qui s'étaient révoltés parce qu'on voulait leur soustraire quelques fragments d'une relique, objet de leur vénération, furent insoucieux à la peine ecclésiastique qui les retranchait de la communion; ils se réjouirent, se livrèrent à des fêtes pour narguer l'évêque et son clergé. » Je crains bien qu'il n'y ait ici quelque parti pris ou exagération de M. Lefils. Une ville que la dévotion soulève ainsi ne se réjouit pas d'un interdit ou ne chante que pour s'étourdir un instant. M. Louandre dit seulement que les habitants ne témoignèrent aucun repentir, ce qui signifie, ou je ne sais pas lire, que convaincus à tort d'un droit qu'ils n'avaient pas et toujours dévôts à saint Vulphy, ils persistèrent, non pas gaiement, mais avec ténacité dans leur résistance et dans leur dévotion. J'en croirais plutôt M. Bracquehay, que M. Lefils n'a décidément pas lu assez : « Une sombre terreur régnait dans l'intérieur de toutes les familles, tous les fronts étaient devenus chagrins et soucieux, etc. » *L'Interdit*, p. 69. Une députation de Montreuil alla sans retard solliciter de l'évêque d'Amiens la levée de l'interdit, dont M. de Caumartin consentit seulement (28 juillet 1634) à suspendre les effets jusqu'au 1er janvier 1635, faveur qu'il prolongea plus tard jusqu'au 15 juin 1635 sur une nouvelle prière des habitants de Montreuil, puis, et de son propre mouvement, jusqu'au 15 juillet de la même année, puis, et de la même manière, jusqu'au 15 août. Ces deux dernières prolongations étaient datées de Paris où l'évêque d'Amiens assistait à l'assemblée générale du clergé de France, tenue en 1635.

Peut-être ces adoucissements, ces suspensions de l'interdit, qui en supprimaient

M. Louandre, avec les mêmes indications, lieu d'impression, date, format, points, virgules, tome, pages,— exactitude à noter,— à la *Collection des procès-verbaux des assemblées du clergé. Paris*, 1768, les effets et le rendaient en réalité illusoire, encourageaient-ils encore quelques dernières résistances des esprits. On croit voir, à la veille du pardon définitif, une intention de tenir la dragée haute aux suppliants, dans trois pièces d'août et de septembre. L'assemblée générale du clergé décide, le 9 août, sans doute pour garer du discrédit ces indulgences répétées de l'évêque d'Amiens, que le soin de ramener le peuple opiniâtre au respect, et de lui prescrire l'expiation de sa faute appartenait à l'assemblée générale ; pourquoi monsieur l'évêque d'Amiens est prié de vouloir bien, à l'avenir, ne rien faire que par le conseil du clergé de France, dans une affaire qui n'est plus la sienne, mais celle de toute l'église. Et, peu après, l'évêque d'Amiens prolongeait encore, avec l'assentiment de l'assemblée du clergé, les faveurs de la suspension jusqu'au 8 septembre, puis jusqu'au dernier jour du même mois. Enfin, la lettre de grâce pour les condamnations ayant été signée par le roi à la sollicitation de l'évêque, l'évêque adressa le récit de tous ces évènements au pape.

Page 253. — « On les condamna (les moteurs de la révolte) à transporter eux-mêmes, processionnellement et en habits de pénitence, les reliques de saint Vulphy dans l'église de Rue et de venir ensuite à Amiens faire amende honorable. » C'était à Amiens et non à Rue que devaient être portées d'abord les reliques de saint Vulphy. Je ne vois nulle part (j'ai mal cherché peut-être), ni dans la lettre de grâce du roi, ni dans les lettres de l'évêque d'Amiens qu'il soit question d'amende honorable. Les erreurs que l'on peut relever au point où nous sommes du récit de M. Lefils ne prouvent pas, que M. Louandre n'ait rien à réclamer dans ce récit. M. Lefils a utilisé tout le résumé de M. Louandre ; pas un fait n'a été ajouté par M. Lefils à l'exposé dressé par l'auteur premier sur la collection des procès-verbaux du clergé, mais, en revanche, il y a ajouté des mots. M. Lefils se croit quitte envers les gens en renchérissant sur eux par des amplifications et par des exagérations. Où M. Louandre écrit simplement, en se servant d'un mot même de l'évêque d'Amiens (Proc.-verb. de l'ass. du cl., séance du 8 août): les habitants ne témoignèrent aucun repentir, M. Lefils écrit : « les Montreuillois s'indignèrent ; ils se refusèrent à ce qu'aucun des leurs se soumit à cette injonction humiliante, etc. » Où M. Louandre dit : les officiers municipaux déclarèrent qu'ils étaient prêts à obéir, mais qu'ils n'osaient promettre cette satisfaction à la justice sans s'exposer à mettre la ville à feu, M. Lefils dira : « ils déclarèrent cependant qu'ils étaient prêts à obéir, mais que, vu l'irritation des esprits, ils redoutaient les plus grands malheurs; que c'était exposer leur ville à être mise à feu et à sang. » Où M. Louandre dit: le comte de Lannoy, gouverneur du pays, consulté par l'évêque, promit de faire tout ce qu'on lui prescrirait et dit qu'à la moindre résistance, il *réduirait la ville en poudre*. M. Lefils, donnant l'initiative au comte de Lannoy, dont il augmente légèrement le titre, dira : « le comte de Launoy, gouverneur de la province, s'exaspéra : il ne voulait rien moins que marcher sur Montreuil et réduire la ville en cendres ; il avait donné des ordres à cet effet, etc. » Plus loin, nous retombons dans une rédaction à peu près identique, par la forme, à celle de M. Louandre. M. Louandre ayant dit que l'archevêque de Tours fut nommé pour arranger

in-f°. Tom. II, page 779 *et suiv.* Ainsi, un certain nombre d'heures, un grand nombre d'heures peut-être passées par M. Louandre sur les procès-verbaux du clergé, ne lui ont mérité que l'avantage de fournir

l'affaire, M. Lefils rappelant la même nomination avec les mêmes mots « *pour arranger l'affaire,* » poursuit avec le texte de M. Louandre sous les yeux, comme l'établira le petit tableau ci-dessous :

M. LOUANDRE.	M. LEFILS.
Sur la demande de l'archevêque, il fut convenu que la procession se rendrait seulement dans une église du faubourg, et que là les reliques seraient offertes et présentées par les officiers municipaux à l'aumônier de l'évêque d'Amiens.	Sur la proposition de l'archevêque de Tours, il fut convenu que la procession se bornerait à sortir de la ville sur la route d'Abbeville, et que là les reliques seraient offertes et présentées par les officiers municipaux à l'aumônier de l'évêque d'Amiens.

Si M. Lefils eut voulu préciser mieux que M. Louandre, il eut dû, tout au moins, rechercher le nom de cette église du faubourg ; où a-t-il vu que la procession s'avança sur la route d Abbeville ?

Page 254. — « Les choses ainsi convenues, les ossements de saint Vulphy furent processionnellement apportés au lieu dit ; là, en présence du sieur Bouthillier, coadjuteur et successeur de l'évêque de Tours, de Gabriel Beauran, prieur et religieux de Saint-Saulve, et de plusieurs autres ecclésiastiques de distinction, l'aumônier de l'évêque d'Amiens prit ceux des ossements, etc. » Plusieurs erreurs encore ; ce fut dans la sacristie même de l'église de Saint-Saulve que le maire et les échevins présentèrent à l'aumônier de l'évêque la châsse du saint ; dans cette sacristie encore les ossements désignés par l'évêque furent tirés de la châsse. — *Procès-verbal du* 28 *septembre* 1635. — M. Louandre, après avoir rappelé la condamnation, se garde bien d'affirmer que la procession ait été faite avant la réouverture de la châsse. L'évêque d'Amiens n'avait pas tant demandé lui-même : *Sacrorum ossium capsam S. Wlplagii per magistrum Nicolaum Le Febure Presbyterum, Cappellanum Ecclesiæ Ambianensis, etc., recludi placet ; ex eaque reliquiarum particulas quasdam depromi, et ex æde S. Salvii ad Ecclesiam B. Mariæ deferri, ejus oppidi Clero universo, majore, scabinis, et criminis reis comitantibus : inde partem earum Ruam transferri, in Ecclesia Paruchiali ; partem Ambianum, in Ecclesia B. Mariæ ritè servandam.* — Mandement de l'évêque d'Amiens lui-même, en date du 20 septembre 1635.

De la sacristie la châsse refermée fut portée sur le grand autel, et, suivant les termes du procès-verbal, les portions de reliques destinées aux églises d'Amiens et de Rue furent en effet processionnellement portées seules dans l'église de Notre-Dame de Montreuil. Enfin les procès-verbaux (j'ai comparé le texte latin à la traduction officielle — Act. Monstrol. int. et Recueil des actes concernant le clergé, t. VII), ne mentionnent nullement parmi les témoins de la réparation Gabriel de Beauran, prieur et religieux de Saint-Saulve, mais Gabriel de Bauvau, évêque de Nantes : *præsentibus reverendiss. D. Gabriele de Bauvau, Nannetensi episcopo,* etc.

Page 256. — « La tranquillité étant ainsi rétablie, on mit à Montreuil une forte

à M. Lefils une matière dans laquelle les ciseaux peuvent manœuvrer expéditivement, pour soumettre ensuite à la plume une matière à

garnison, afin d'*en* (sic) imposer et d'empêcher le retour de ces scènes regrettables. » L'intimidation n'était plus nécessaire et si la garnison fut augmentée, ce ne fut certes pas pour peser sur l'esprit des habitants très-satisfaits et reconnaissants de la levée de l'interdit. Voyez le procès-verbal du 28 septembre 1635, *Acta Monstrol. interdict.*, p. 45, *in fine*. « Il serait difficile, dit M. Bracquehay,— une autorité de M. Lefils lui-même,— de peindre l'explosion de bonheur et de joie qui succéda tout-à-coup à l'anxiété lorsque, dans la matinée du 23 septembre, le cri de grâce, prononcé par un envoyé de M. de Caumartin, vint à éclater au milieu de notre population. Des milliers de voix répétèrent bientôt ce cri de salut et de délivrance. En un instant toutes les maisons furent désertes, toutes les rues, toutes les places, furent encombrées par la foule en délire ; chacun eut voulu embrasser le bienheureux courrier.... » J'abrége. « Des tables se dressèrent dans toutes les rues... etc. » J'abrége encore,— l'*Interdit*, p. 108 *et* 109, V. aussi p. 112. Ce n'est pas contre un peuple ainsi disposé qu'on envoie des mousquets. Je m'en tiens d'ailleurs au procès-verbal du 28 septembre, et ne me porte en rien garant de M. Bracquehay, qui n'a jamais donné lui-même son roman pour de l'histoire.

Ainsi M. Lefils, qui a d'ailleurs suivi pas à pas le résumé dressé par M. Louandre sur la *Collection des procès-verbaux des assemblées du clergé*, n'échappe cependant aux erreurs que lorsqu'il copie littéralement M. Louandre. Nomme-t-il en pareil cas M. Louandre? En aucune façon, et, fidèle à sa méthode, il renvoie à la collection indiquée plus haut, mais avec un luxe d'indications qui suffirait à trahir l'emprunt de la part d'une main plus négligente d'ordinaire et qui, cette fois, nous donne la date et le lieu de l'impression, le format du livre, le tome et les pages, avec les points, les virgules et jusqu'aux abréviations typographiques qui se rencontrent dans le livre de M. Louandre. Quant aux erreurs du récit, elles appartiennent toutes, on l'a vu, à M Lefils, qui a faussé les faits toutes les fois qu'il a voulu enchérir sur le texte pur copié par lui.

JUSTIFICATION DU FAIT QUE L'ÉVÊQUE D'AMIENS FUT ATTAQUÉ DANS LA SACRISTIE ET NON DANS LE CHOEUR. Je reviens sur ce point pour que pas un doute ne subsiste :

On entend quelquefois par *sacrarium* le sanctuaire, mais il ne peut être question ici du lieu très-saint. Les preuves sortent de toutes les circonstances du récit, et quant au sens même du mot *sacrarium*, les Actes même de l'*Interdit de Montreuil* se chargent de nous le donner. Nous voyons dans le procès-verbal du 28 septembre 1635 que l'aumônier de l'évêque se rendit au *sacrarium* pour recevoir des mains du maïeur la châsse qu'il ouvrit, et que de là il porta les reliques au grand autel, *ad altare majus Ecclesiæ* ; si on veut mieux encore, il faut se reporter à la traduction contemporaine et officielle du procès-verbal latin de l'archevêque-coadjuteur de Tours à l'occasion de la levée de l'interdit ; *apertum est illico sacrarium*, disait ce procès-verbal ; « Pour à quoi parvenir auroit été à l'instant la porte de la sacristie ouverte, » dit la traduction.— Recueil des actes, titres et mémoires concernant les affaires du clergé de France, t. VII, in-fo, page 1150. Paris, Muguet, 1719.

broderie, car c'est ainsi sans doute que M. Lefils entend qu'on *brode un récit* (p. 27 de sa brochure).

M. LEFILS.	M. LOUANDRE.
Page 269.	Tome II, p. 334.

M. Lefils cite dom Ducrocq, mais copie M. Louandre, qui avait rédigé différemment que dom Ducrocq.

Ai-je donc encore calomnié M. Lefils?

J'ai dit en commençant que je laisserais de côté les notes reçues par M. Lefils de M. Papegay; il me coûterait cependant d'en oublier complètement une qui, malgré quelques transpositions, nous a si bien rappelé une page de M. Louandre.

M. LEFILS, D'après M. Papegay.	M. LOUANDRE.
Page 71. — « Hugues Ier avait donné à l'abbaye de Saint-Josse une petite chapelle qui dépendait du château des comtes. Cette chapelle fut transférée ensuite par l'abbé de Saint-Josse à des *clercs, qui, voulant se dévouer à Dieu, l'agrandirent et en firent une église dédiée à saint Firmin. Ce changement ne s'accomplit cependant point sans difficultés; l'évêque d'Amiens dut intervenir, et, moyennant une rente de six livres d'une monnaie quelconque ayant cours à Montreuil, lors du paiement, il fut convenu que treize prébendes* (1), *qui seraient estimées dix livres, seraient à la collation de l'abbé de*	*Tome II, p. 482.* — « Des clercs de cette ville, *voulant se dévouer au culte de Dieu*, demandèrent, en 1192, à l'abbé et au couvent de Saint-Josse-sur-Mer, l'église de Saint-Firmin qui était dans l'origine la chapelle des comtes de Ponthieu à Montreuil, et qui avait été donnée à cette abbaye par Hugues Ier. *Cette demande souleva des difficultés, et l'évêque d'Amiens intervint. Moyennant une rente de six livres d'une monnaie quelconque ayant cours à Montreuil, lors du payement, il fut convenu que treize prébendes* (2) ou canonicats, qui furent depuis réduits à sept et enfin à six, seraient assignés aux

(1) La répétition du mot prébendes à quelques lignes de distance dans le texte de M. Louandre a trompé les yeux du copiste et lui a fait sauter vingt-trois mots de ce texte, distraction qui rend le passage complètement fautif.

(2) Ici commencent les vingt-trois mots sautés par le copiste.

Saint-Josse. » M. Lefils renvoie à la *Gallia christiana. t. X, instrum. coll.* 331 et poursuit : « *Seule entre toutes les églises de la ville, la collégiale de Saint-Firmin ne relevait pas de Saint-Saulve, elle dépendait de Saint-Josse; elle était sombre, mais richement ornée.* »

clercs de Montreuil ; que celles de ces prébendes qui seraient estimées dix livres seraient à la collation de l'abbé de Saint-Josse et les autres à la collation de l'évêque. » M. Louandre renvoie à la *Gallia christiana. t. X, instrum., col.* 331 et poursuit en note : « *Seule entre toutes les églises de la ville, la collégiale de Saint-Firmin ne relevait point de Saint-Saulve; elle dépendait de Saint-Josse. Elle était,* ajoute M. Louandre, *très-ancienne et très-sombre.* »

Avec ce système, M. Lefils improvise un volume d'histoire tous les trois mois ; c'est beaucoup trop de temps (1).

« Vous ajoutez l'injure à la calomnie, » dit quelque part M. Lefils (p. 29 de ses dénégations). Où est la calomnie jusqu'ici? M. Lefils, qui ne se justifie en rien, se renferme dans la rhétorique objurgatoire. A quoi faudrait-il dire qu'il ajoute l'injure, si nous voulions emprunter son langage? Le mot cru nous est donné par l'exposé de sa méthode, je ne le lâcherai pas cependant.

Quant au système, on le connaît maintenant; il est toujours le même : emprunts textuels non déclarés ; emprunts (textuels encore, surtout s'il s'agit de vieux extraits), avec ricochet du renvoi aux

(1) Puisque nous en sommes aux moyens expéditifs, un mot encore. La longue note donnée par M. Lefils à la fin de l'histoire de Montreuil, sous l'indication note n° 2, et qui va de la page 315 à la page 321, est extraite entièrement du volume de la Société d'Émulation de 1836-1837, mais de telle façon qu'on peut croire qu'elle appartient en partie à M. Lefils lui-même, ainsi que les sous-notes très-nombreuses, qui sont, comme l'extrait principal, de MM. Ch. Louandre et Ch. Labitte, auteurs de l'article mis à contribution. Je sais bien que M. Lefils renvoie vaguement et sans indication de tome ou d'années aux *Mémoires de la Société d'Émulation* et qu'on peut là vérifier ce qui appartient aux auteurs; mais pourquoi ne pas devancer ce travail (que peu de lecteurs peuvent faire) en nommant, soit à la page 105, soit au moins en tête du passage enlevé, les deux auteurs de l'*Essai sur le mouvement communal dans le comté de Ponthieu?* C'était bien le moins quand on leur enlevait près de NEUF pages de texte des Mémoires très-compactes de la Société.

sources originales par-dessus la tête des auteurs qui ont subi les emprunts et indiqué eux-mêmes ces sources. Ainsi, au lieu de nommer Du Cange, si quelqu'extrait de Du Cange tombe sous ses yeux, M. Lefils nommera Campden ou Hariulfe ou Valsingham ; au lieu de nommer Devérité, il nommera Rumet ; au lieu de nommer Rumet même, il nommera un imprimeur d'Hesdin cité par Rumet ; au lieu de nommer M. Louandre, il citera les sources nombreuses de M. Louandre ; au lieu de nommer M. de la Fons-Mélicocq, il nommera la bibliothèque de Lille ; au lieu de nommer la *Picardie*, il nommera les *Archives du Nord*.

Tels sont les deux procédés principaux de la méthode historique de M. Lefils, quand M. Lefils sort des erreurs et des hypothèses. Une école économique, qui fleurit en 1848, voulait supprimer tous les intermédiaires dans le commerce, M. Lefils applique les théories de cette école à sa manière ; il supprime les intermédiaires dans la science. Telle besogne est toute faite ; c'est bon, elle m'appartient. Arrière maintenant vous qui me la mettez entre les mains ! Vous êtes bien osés de réclamer le salaire de vos peines, et il y aurait duperie de ma part à reconnaître vos services.

Maintenant que j'ai placé fréquemment M. Lefils entre le Oui et le Non, que le public juge.

Que reste-t-il de l'indulgente réclamation d'août 1860 ? Que reste-t-il de la brochure : *Le Procédé historique de M. Lefils ?* — Tout.

Que reste-t-il de la réponse de M. Lefils ? — Rien.

M. Lefils n'a réfuté aucune des observations faites précédemment par nous ; il ne réfutera pas davantage les observations que nous soumettons aujourd'hui à notre tribunal respecté, le public.

Je ne me suis avancé que sur des preuves, M. Lefils

n'a répondu que par des récriminations déclamatoires.

M. Lefils reste parfaitement notre débiteur pour tous les passages que nous avons signalés dans notre avertissement d'août et dans notre première brochure, comme il restera le débiteur de MM. Louandre et de la Fons-Mélicocq.

Quant aux assertions de M. Lefils qui, ne reposant sur rien, échappent aux règles ordinaires de la discussion, je m'en rapporte au public pour décider entre l'homme qui affirme toujours sans preuves et l'homme qui, ayant toujours fourni des preuves, n'aurait à donner par hasard que sa parole.

Un mot encore. Lorsqu'à l'âge de quarante ans hélas ! et après quatorze ans de publications suivies, je me suis trouvé amené à soutenir pour la première fois une querelle littéraire, je savais, en acceptant comme il convenait cette querelle, n'avoir pas devant moi un homme désarmé; je savais qu'une presse était sous la main de M. Lefils et ses procédés d'histoire pouvaient me faire deviner ses méthodes de polémique, mais, grâce à Dieu, je n'ai jamais reculé jusqu'ici et j'espère ne reculer de longtemps, même devant le plus déplorable des dangers, celui qui ne saurait présenter que les perspectives désagréables d'une discussion où manquent d'un côté les formes les plus ordinaires du langage accepté et les rectitudes de la mémoire. Les prévoyances prudentes ne sont jamais que d'indignes faiblesses; il appartient aux gens qui ont bec et ongles de se défendre et de défendre leur prochain, même devant les complaisances trop indulgentes aux délits et devant les pusillanimités complices, on l'a pu voir d'ailleurs, et je puis le répéter maintenant, en défendant ma haie et mon mur, j'ai défendu la haie et le mur d'autrui.

ERRATA

Page 44, lignes 19 et 20, *au lieu:* du suzerain Roger, *lisez:* du suzerain de Roger.

Page 47, ligne 24, *au lieu:* de l'interprétation qu'il fait, *lisez:* dans l'interprétation, etc.

Abbeville, imp. P. Briez.

www.ingramcontent.com/pod-product-compliance
Lightning Source LLC
LaVergne TN
LVHW020159100426
835512LV00035BA/1004